平凡社新書
935

日本語の連続／不連続

百年前の「かきことば」を読む

今野真二
KONNO SHINJI

HEIBONSHA

日本語の連続／不連続●目次

凡例

引用にあたって、常用漢字表に載せられている字については、載せられている字体を使い、載せられていない字については、適宜判断をして、引用元で使われている字体を使うことがある。かなづかいは「現代仮名遣い」に改め、促音には小書きの「っ／ッ」をあてた。また、一字の繰り返し符号、二字以上の繰り返し符号に文字をあてることもある。振仮名を省くこともある。引用元にない振仮名を読みやすくするために補う場合は、その振仮名を［　］に入れることにする。『日本国語大辞典』は第二版を使用した。

序章

1　一九二〇年はどんな年だったか

二〇二〇年からみれば一九二〇年は百年前にあたる。本書を手にとってくださった読者の方々は、今から百年前の日本語はどんな日本語だったのだろうか、と自然に思うことだろう。

一九二〇年は大正九年である。この年には、「サザエさん」の作者として知られている長谷川町子、猿橋賞で知られる地球科学者の猿橋勝子、小説家の安岡章太郎、女優の原節子、洋画家の野見山暁二などが生まれている。

経済・労働からみた一九二〇年

人々の暮らしはどうだっただろうか。神戸税関のホームページ（http://www.customs.go.jp/kobe/（二〇一九年六月十五日アクセス）には「神戸港一五〇年の記録～貿易統計からみる貿易の変遷」という記事がある。その記事内の「大正～昭和初期（1912年～1945年）」には、次のように記されている。

大正、昭和戦前の神戸港の貿易は、恐慌と不景気で不振になり、軍需景気と関東大震災で大きく飛躍したといえます。

1914（大3）年の第一次世界大戦勃発により、我が国の貿易は不振となりましたが、大戦中に欧米諸国がアジア市場を省みるいとまがなかった間に、我が国商品が欧米品に代わって中国、アジア、アフリカ市場へ進出しました。これにより神戸港の貿易額も、開戦3年目の1916（大5）年から増加に転じた後、1920（大9）年まで毎年過去最高記録を更新しました。

しかし、大戦が終結すると世界的な経済恐慌を呼び、大戦中に急成長を遂げた我が国経済もその渦中に巻き込まれ、米、綿花、生糸等が大暴落するなど、神戸港の貿易

も打撃を受けました。（略）
戦争、恐慌、関東大震災と、貿易の著しい増減を繰り返した大正時代は、結果的にみると、輸出入貿易額は、約4倍の増加を示しました。

横浜港は大正十二（一九二三）年九月に起こった関東大震災によって壊滅的被害を受け、そのために神戸港は貿易額が激増するということはあったが、一九二〇年までは日本全体が経済成長期であったことがわかる。

しかし、一九二〇年三月にはいわゆる「戦後恐慌」がおこる。ヨーロッパが市場に復帰してきたために輸出が急激に不振になり、四月から七月にかけて銀行の取り付け騒ぎが続出するようになった。これを今風に表現すれば「バブル経済の崩壊」ということになるだろう。こうしたところにも、この時期と現代との共通性が窺われる。横浜の貿易商、茂木《もぎ》惣兵衛《そうべえ》の茂木商店が倒産し、茂木商店の取引銀行であった第七十四銀行も連鎖して倒産した。原敬内閣は四月十六日になって、財界の救済を表明し、日銀による巨額の特別融資を行なう。これまた今日に共通する「手法」といってよい。

一九二〇年五月二日には第一回のメーデーが大日本労働総同盟友愛会の主催で上野公園において開催される。約一万人の労働者が「八時間労働制の実施」「最低賃金法の制定」

などを訴えた。

一九二〇年の前後にはいわゆる「労働組合」の結成があいついだ。例えば、一九一八年一月には「欧文植字工組合信友会」が「活版印刷工組合信友会」に改編され、一九二〇年頃にはアナーキズムの色合いが強くなり、サンジカリストの中核となっていく。

あるいは、一九一九年には東京で下中弥三郎《しもなかやさぶろう》をはじめとする埼玉県下の小学校教員が「啓明会」を結成する。一九二〇年の第一回メーデーを機に、他の労働団体と労働組合同盟会を結成し、教員組合啓明会と改称する。これが日本における教員組合の先駆けとなるが、アナーキズム系、ボリシェビキ系に分裂して昭和初年には解体していく。

一九二〇年四月に「問題叢書」の第五編として出版されている、『現代新語解説』(仏教学会)においては「アナーキズム」「サンヂカリズム」「ボルセイズム」が次のように説明されている。

アナーキズム　「無政府主義」を見よ。
無政府主義　アナキズム(Anarchism)　社会主義の一派の主張するところで、各個人の自由と平等を期し、新社会を実現する為には之を妨げる政府など寧ろない方がよいという危険思想である。

サンヂカリズム　Syndicalism　革命的労働共産主義、又は労働無政府主義と訳する、現社会を破壊してまでも、労働組合を絶対的に独立した自治体たらしめんとする政策で、労働問題の社会運動として起って居る。サボタージ又はストライキは彼等がとるところの運動法である。

ボルセイズム　Bolshevism　過激派を見よ。

過激派　Bolshevism　露国のレーニン一派（無政府共産主義者）のことで、過激なる社会主義者を意味する。即ち急激に猶与もせずに自分等の考に背いた制度や組織を改革しようとする一派。

「アナーキズム」「ボルセイズム」は見出しにはなっているが、そこには説明はなく、それぞれ見出し「無政府主義」「過激派」において説明がなされている。そのことからすれば、一九二〇年の時点では、「アナーキズム」「ボルセイズム」はまだひろく使われるような語ではなかったことが推測できる。

『日本国語大辞典』の見出し「アナーキズム」の「語誌」欄には「（一）日本のアナーキズム運動は明治一五年（一八八二）にシュティルナー（ドイツ）の影響を受けた樽井藤吉の設立した東洋社会党を初めとする。当初、アナーキズムおよび無政府主義の語は使用されず、しばらく外国の作家、作品の紹介文などに見られるにとどまった。（二）幸徳秋水、大杉栄のアナーキズムはバクーニン、クロポトキン（ともにロシア）の影響下にあり、日本の労働運動のアナーキズムもその延長線上にある。幸徳がアメリカから帰国した明治三九年（一九〇六）頃からこの語が用いられるようになったが、主義者たち自身が使うことはまれで、文献上の用例は少ない」と記されている。使用例としては「＊幸徳秋水を襲ふ〔1909〕〈杉村楚人冠〉下「無政府主義といひアナーキズムといふ名が如何にも殺伐に聞えるのと」＊外来語辞典〔1914〕〈勝屋英造〉「アナーキズム Anarchism（英）無政府主義。無政府論」＊島原半島〔1953〕〈火野葦平〉「権力というもののまったくない平和世界を作ろうというのがアナキズムであるから」」があげられている。

国際連盟の発足

大正七（一九一八）年十一月十一日に第一次世界大戦が終結する。そして、ヴェルサイユ条約の発効日である一九二〇年一月十日に、史上初の国際平和機構として、正式に発足した国際機関が「国際連盟」だ。同十六日にはパリで第一回の理事会が開催され、原加盟国四十二カ国及びイギリス領の代表などが参加したが、ドイツ、オーストリア、ハンガリー、ロシア、アメリカは不参加であった。日本は常任理事国となる。

国際連盟設立にあたって、新渡戸稲造《にとべいなぞう》が事務次長の一人に選ばれた。新渡戸稲造は、国際連盟の諮問委員会として一九二二年に設置された「国際連盟知的協力委員会（Committee on Intellectual Co-operation）」の幹事長に就任する。哲学者のベルクソン、物理学者のアインシュタイン、キュリー夫人などが委員を務めた。この「国際連盟知的協力委員会」は「ユネスコ（United Nations Educational, Scientific and Cultural Organization）」（＝国際連合教育科学文化機関）の前身と位置づけられている。

それでは問題です。大杉栄と新渡戸稲造、吉野作造、柳田國男、宮澤賢治の共通点は何でしょう。超難問？　答えは、ルドヴィコ・ザメンホフとその協力者が考案した人工言語である「エスペラント（Esperanto）」を使う「エスペランティスト」であることだ。

現在であれば、英語という個別言語がひろく使われているが、ザメンホフは、すべての人が第二言語として使うための人工言語としてエスペラントを作った。ザメンホフは、一八八七年にこの言語を発表しているので、三十年ほどの間に、日本でもそれを学ぶ人が少なからずいたことがわかる。

大学の整備

大正七（一九一八）年十二月六日に出された「大学令」（勅令第三八八号）は私立及び公

立（ただし道府県立のみ）を認可するものであった。これは原敬内閣の高等教育を拡張させるという政策のもとに出されたもので、明治五（一八七二）年に出された「学制」に基づいて設立された七つの帝国大学とは別の大学の設置を認める勅令で、大正八年四月一日から施行された。

この「大学令」によって、一九二〇年二月五日には早稲田大学と慶應義塾大学とが、同年四月には明治大学、法政大学、日本大学、中央大学、國學院大學、同志社大学が認可された。官立では東京市に、一橋大学の前身にあたる東京商科大学が設立された。一九二一年十月には東京慈恵会医科大学、一九二二年五月には龍谷大学、大谷大学、専修大学、立教大学、同年六月には立命館大学、関西大学、東洋協会大学（後に拓殖大学）、一九二四年五月には立正大学、一九二五年三月に駒澤大学、同年五月に東京農業大学、一九二六年二月には日本医科大学、同年四月には高野山大学、大正大学が設立され、大正期には私立大学が二十二校設立されている。

「大学令」は、第二次世界大戦終結後、昭和二十二（一九四七）年に廃止され、かわって「学校教育法」が施行された。この「学校教育法」に基づいて設立された大学が「新制大学」で、それに対して「学校教育法」施行以前に設立された大学を「旧制大学」と呼ぶことがある。

このようにみてくると、一九二〇年には日常生活のいろいろな「ありかた」が現在とつながってきていることが窺われる。

2 東京の一九二〇年

岡本綺堂がみた東京

経済の成長は、「都市」のありかたや様相に具体的にあらわれてくる。明治五（一八七二）年に高輪泉岳寺《たかなわせんがくじ》のちかくに生まれた小説家岡本綺堂《きどう》（一八七二〜一九三九）は「歌舞伎の夢」（『随筆』大正十三：一九二四年一月号）の冒頭近くに次のように記している。

『戯場訓蒙図彙』や『東都歳事記』や、さてはもろもろの浮世絵にみる江戸の歌舞伎の世界は、たといそれがいかばかり懐かしいものであっても、所詮は遠い昔の夢の夢であって、それに引かれ寄ろうとするにはあまりに縁が遠い。何かの架け橋がなければ渡ってゆかれないような気がする。その架け橋は三十年ほど前から殆ど断えたといってもいい位に、朽ちながら残っていた。それが今度の震災と共に、東京の人と悲しい別離をつげて、かけ橋はまったく断えてしまったらしい。

おなじ東京の名をよぶにも、今後はおそらく旧東京と新東京とに区別されるであろう。しかしその旧東京にもまた二つの時代が劃されていた。それは明治の初年から二十七、八年の日清戦争までと、その後の今年までとで、政治経済の方面から日常生活の風俗習慣にいたるまでが、おのずからに前期と後期とに分たれていた。

具体的な話題は「江戸の歌舞伎」が描き出していた「世界」であるが、それを少し一般化して「江戸」と考えることにしよう。一九二四年の「三十年ほど前から」江戸への「架け橋」が「殆ど断えた」ということがまず述べられている。一九二四年の三十年前は一八九四年で、日清戦争が始まった年だ。しかしまた、「今度の震災」によって「朽ちながら残っていた」「江戸」は「まったく断えてしまったらしい」という。つまり、一八九四年から一九二三年までの三十年はかすかに「江戸」が残っていたというのが明治五年生まれの岡本綺堂の感覚だ。そしてそれを「旧東京前期」（明治初年～明治二十七、八年）「旧東京後期」（明治二十七、八年から大正十三年）「新東京」（大正十三年以降）と呼び分けている。

河井酔茗がみた東京

あるいは大正十一（一九二二）年に博文館から出版された、詩人の河井酔茗（一八七四～一九六五）の『東京近郊めぐり』には次のような行《くだ》りがある。

池袋は市中との間に巣鴨監獄の大きな建ものが邪魔して、直接市内との連絡《れんらく》を断《た》れていたが、巣鴨の方から市内の勢いが伸《の》びて来て、近頃は目立って家がこむようになった。武蔵野鉄道も、東上鉄道も、赤羽線も、此駅から聯絡しているので、山手線の中でも乗降客の多い方だ。武蔵野線は近く電車になるので更に沿線から来る人が多くなるだろう。同線の池袋を発して初めの停車場は長崎村にある。長崎村は池袋より稍離《ややはな》れているが、土地高燥、森や林も多くまだ東京の騒擾が及ぼしていないので、そろそろ郊外住宅を構える人が出来てきたようだから、此処《［ここ］》も亦《［また］》市内と密接な交渉を持つようになるのも遠いことではあるまい。

池袋附近から秩父連山がよく見える、東京の廓外で、こんなによく秩父連山の見える所はない、秩父ばかりでなく、両毛甲信の高山が殆ど重なり合って見えるので、山に憧憬《どうけい》を持った人は、多大の喜びを感ずるのだが、それも次第に家の屋根に妨げられて、思うように展望が利《き》かなくなってきた。

「長崎村」は明治二十二（一八八九）年の市制町村制によってうまれ、大正十五（一九二六）年には「長崎町」となる。現在の東京都豊島区長崎にあたる地域だ。

「池袋附近から秩父連山がよく見える」ということにも驚くが、それが「次第に家の屋根に妨げられて、思うように展望が利かなくなってきた」というくらい都市が変貌しつつあることがわかる。また長崎村に「郊外住宅を構える人が出来てきた」と述べられていて、「郊外住宅」という語が使われている。語があるということは、そのような概念がうまれているということである。

小説家田口掬汀《きくてい》を祖父に、画家の田口省吾を父にもつ小説家高井有一（一九三二〜二〇一六）は昭和七年に東京府北豊島郡長崎町に生まれ、杉並区で育っているが、『作家の生き死』（一九九七年、角川書店）に収められている「小説と土地」において次のように述べている。

私は東京生れの東京育ちだが、東京について広く知っているわけではない。子供のころ長く暮したのは、西郊に当る杉並区である。そこから歩いて更に西へ、武蔵野市の学校へ通っていた。

　昭和十年代の東京西郊の特色を何と言ったらいいか。私が印象に遺しているのは、檜葉の垣根が連なる住宅地と、その周りに拡がる麦畠である。朝早く、砂利を敷いて真直ぐに延びる小路の角々に点った外灯が、一つ一つ消えて行く光景や、春先に風が吹き荒れて、麦畠の土をもうもうと巻き上げる景色が、懐しみを帯びて思い出される。


　右は、時期としては「昭和十年代」、地域としては「東京西郊」のありさまを表現したものであるので、大正十一年に出版された『東京近郊めぐり』における河井酔茗の表現とは時期として十四年ほどの隔たりがあり、地域としても異なるのであるから、ただちに両者を重ね合わせることはできないが、東京の「郊外」がどのように形成されていったかがわかる。

　『東京近郊めぐり』の「はしがき」には「本書は東京を中央にして放射線状に近郊の勝地を書いたものです」「東京に余り近い郊外と、また少し離れすぎていると思う場所は略筆しました。要は一日二日の近郊旅行に最も適当した土地を最も詳しく書いたのです」とある。現代でも「東京近郊の自然散歩」や「東京近郊ハイキング」「東京発　日帰り徒歩の旅」などといったガイドブックが多数出版されているが、そうしたものの「はしり」といってよいだろう。巻末には田山花袋の『一日の行楽』の広告が谷口梨花『汽車の窓から』の広告とともに載せられている。『一日の行楽』は「東京を中心として近県地方に一日二日の楽しい旅をしようと思う人々の無二の東道で凡《すべ》てが著者の実地踏破の報告であるから、此の上もなく正確である。殊に、都会の忙しい生活にいそしむ人に取っては本書は実に一日の行楽の此の上もない好伴侶である」と説明されている。「東道（とうどう）」はここでは〈道案内〉ぐらいの意味合いで使われていると思われる。

この言説によって、当時すでに「都会の忙しい生活」にいそしみながらその忙しい時間をぬって一日の行楽を楽しむ人が存在していたことがわかる。また「はしがき」の末尾には「本書の装幀は中沢弘光氏、スケッチは石井鶴三氏、阪本繁二郎氏、織田一磨氏、岡落

図A―1

葉氏の好意で出来ました。著者として共に感謝の意を表して置きます」と記されている。

　図A―1は大正十一（一九二二）年四月八日に九段書房から発行されている「東京及郊外電車案内」で裏面には「麹町区」「神田区」「日本橋区」「京橋区」「芝区」「麻布区」「赤坂区」「四谷区」「牛込区」「小石川区」「本郷区」「下谷区」「浅草区」「本所区」「深川区」十五区と各区内の町名が「イロハ順」で示されている。「電車案内」の上部③は新宿で、そこからはいわば欄外になってしまう。左側の⑪は恵比寿、目黒あたり、下部は錦糸町あたりで、右側には千住大橋がある。

　これら十五区は、明治十一（一八七八）年七月二十二日に「郡区町村編制法」に基づいて、旧幕府時代の名称に基づいて設けられた。十五区の区域はかつての「朱引内《しゅびきない》」でかつ「墨引《すみびき》」（＝江戸時代において町奉行が管轄していた地域）であった。「シュビキ（朱引）」は地図に朱を引いて、江戸府内と府外とを示したもので、現在の山手線の周辺と隅田川の東側の墨田区、江東区を合わせた地域にほぼあたり「大江戸」と呼ばれることもある。

　この時に、「江戸四宿」と呼ばれていた「内藤新宿・品川宿・千住宿・板橋宿」に隣接している旧街道の宿場及び農村部に「荏原《えばら》郡・東多摩郡・南豊島《としま》郡・北豊島郡・南足立郡・南葛飾《かつしか》郡」の六郡も置いた。十年後の明治二十一年には東京市区改正条例が公布され、翌明治二十二年、東京府は東京市を設ける。区域には変更が加えられたが、旧十五区の区域を東京市の市域とした。その一方で、旧十五区は単独で区会（議会）をもち、東京市下の自治体となった。昭和七（一九三二）年には周辺の五郡、八十二町村が東京市に編入され、新たに二十区を設置したので、旧十五区と合わせて、区の数も三十五区となった。いわゆる「大東京市」である。

東京都公文書館のホームページに、「三十五区の人口　一九〇八年〜一九四五年」というデータが開示されているが、それによると、次のような人口であったことがわかる。

	旧市域（十五区）	新市域（二十区）	合計
明治四十一年	一五八八一一九		
大正九年	二一七三二〇一	一一八四九八五	三三五八一八六
大正十四年	一九九五五六七	二一一三五四六	四一〇九一一三
昭和五年	二〇七〇九一三	二九一六〇〇〇	四九八六九一三

旧市域では明治四十一（一九〇八）年から大正九（一九二〇）年までの十二年間で、四割近くも人口が増えているが、それは十年後の昭和五（一九三〇）年でやや減っている。

しかし新市域の人口は大正九年から昭和五年までの十年間で倍以上に増えていることがわ

かり、旧十五区の周辺地域すなわち「郊外地域」で人口が激増していることがわかる。新市域において人口が倍増していることを一方におくと、旧市域の微減は、数字以上に「減少」を意識させたかもしれない。江戸川乱歩が昭和六（一九三一）年に『文藝倶楽部』第三七巻第五号に発表した「目羅博士の不思議な犯罪」の冒頭には次のような行りがある。

私は探偵小説の筋を考えるために、方々をぶらつくことがあるが、東京を離れない場合は、大抵行先がきまっている。浅草公園、花やしき、上野の博物館、同じく動物園、隅田川の乗合蒸汽、両国の国技館（あの丸屋根が往年のパノラマ館を連想させ、私をひきつける）今もその国技館の「お化け大会」という奴を見て帰ったところだ。久しぶりで「八幡の藪不知」をくぐって、子供の時分の懐しい思い出に耽ることが出来た。

乱歩が上京したのは大正元（一九一二）年であるので、右の「私」や「子供の時分の懐しい思い出」をそのまま乱歩に重ね合わせることはできないが、東京の中で、昭和六年頃の浅草が占める位置と大正元年頃のそれとが大きく異なっていた可能性はたかい。

さて、「東京及郊外電車案内」の裏面で、「麴町区」から始めて「深川区」で終わる右の順番は、皇居のある麴町区を起点として、平仮名の「の」の字を描くようにまわっていく順番で、これが公式の順番となっている。近郊の六郡も、西南から時計回りで東南に弧を描くような順番になっている。

『東京近郊めぐり』の人々

『東京近郊めぐり』の装幀者・中沢弘光（一八七四〜一九六四）は明治三十九（一九〇六）年十月に開催された第一回文部省展覧会（＝文展）において、海辺を背景にして日傘を差した女性を描いた作品によって三等賞を受賞する。ちなみにいえば、この時は一等賞がなく、和田三造の「南風」が二等賞であった。中沢弘光は東京美術学校西洋画選科を卒業、黒田清輝に師事している。明治四十二（一九〇九）年に開催された第三回文展では「おもひで」によって最高賞を受賞している。中沢弘光は与謝野晶子の『春泥集』（一九一一年、金尾文淵堂）の口絵木版を担当するなど、木版挿絵、本の装幀なども手がけていた。大正十一年の時点では、すでに一定の評価を受けていたと思われる。

石井鶴三（一八八七〜一九七三）は石井柏亭の弟で、彫刻、油絵、水彩画、版画、挿絵等に幅広く作品を残している。大正十一（一九二二）年一月に、倉田白羊、小杉未醒、山本鼎、森田恒友らが発起人となって発足した洋画会、春陽会に、岸田劉生、木村荘八、中川一政、椿貞雄、萬鉄五郎らとともに客員会員として招かれている。前年、大正十年には『朝日新聞』に連載された上司小剣の『東京』（愛慾篇）の挿絵を担当し、大正十二年には『東京』（争闘篇）の挿絵も担当し、新聞小説の挿絵画家としての評価を得ていた。大正十四年からは中里介山『大菩薩峠』の挿絵も担当することになる。

『東京近郊めぐり』には「阪本繁二郎」とあるが、現在は「坂本繁二郎」と書くことが多いので、ここでもそのように書くことにする。坂本繁二郎（一八八二～一九六九）は青木繁とともに上京し、小山正太郎の不同舎に入門し、後には太平洋画会研究所で学んでいる。一九一四年の二科会創設にあたっては、中心的なメンバーとして参加している。

織田《おだ》一磨《かずま》（一八八二～一九五六）は明治期から昭和期にかけて活動した版画家で、中沢弘光が「おもひで」によって最高賞を受賞した第三回文展に「憂鬱の谷」を出品している。この年には「パンの会」にも参加する。大正七（一九一八）年には日本創作版画協会、昭和五（一九三〇）年には洋風版画協会を設立している。

岡落葉《らくよう》（一八七九～一九六二）は山口県平生町に生まれ、画家を志して十九歳で上京している。国木田独歩の『武蔵野』の装幀を担当したことで知られている。また『近時画報』の挿絵を担当し、大正初期の少年少女向け雑誌の口絵や挿絵を描いたことでも知られている。

『東京近郊めぐり』はちょっとした旅行ガイドブックとでもいってよい。しかし、その「ちょっとした旅行ガイドブック」の作製に、右に記したような画家たちが協力している。木下杢太郎を中心にして「パンの会」が明治四十一（一九〇八）年に日比谷松本楼を会場として始まるが、山本鼎、倉田白羊、小杉未醒、高村光太郎らに加えて北原白秋、太田正雄（木下杢太郎）が参加していた。明治末から大正初期にかけての時期は「そういう時期」であった。

最近では、文学作品と挿絵とをともに論じることも少なくないと思われる。文学は文学、絵画は絵画ということでもないだろう。といって、そうした論じ方が多い、とまではもちろんいえないだろう。

文字と美術作品に関していえば、文字が意匠されている蒔絵箱についての美術面からのアプローチで、あるいは漢詩や和歌が書き込まれている浮世絵についての美術面からのアプローチで、文字についてまったくふれない、ということもある。

現象を総合的に捉えるということは案外難しい。分析対象を細分化することがすなわち専門的ということではないはずだ。こうしたことは繰り返し述べられてきていると思われるが、状況ががらりと変わるということでもなさそうだ。本書が分析対象としている明治三十五年から昭和五年の頃は、ことさら、「総合的にみる」ということが求められる時期といってよいだろう。本書もそのことには留意していきたい。

織田一磨の武蔵野

河井酔茗『東京近郊めぐり』にスケッチ作品を提供していた織田一磨は明治十五（一八八二）年に東京、芝公園に生まれている。著書『武蔵野の記録』（一九四四年、洸林堂書房）には次のように記されている。明治三十六（一九〇三）年、織田一磨が大阪から東京に戻ってきた頃のことだ。

十年振りで観たむさし野は、大分に変っていた。先ず感傷的な気分にかられて、子供時代の印象を追って、一通り巡回して歩いた。溜池の小川はすでに水が枯れて、赤坂見附の近くにだけ水溜りが残っていた。鯉やフナを捕る人で毎日黒山の賑いを呈していた。埋立の一歩前という光景に接して、何ともいえない淋しい気分がした。虎の門や、幸橋の堀も、水が枯れて草が茂り合い、ここも埋立を待っていた。あだかも、親しい友達の告別式に参列した時のような心持がした。諸行無常の感じは今更の如く漾《ただよ》っていた。

五位鷺の啼きさけんでいた黒田様の竹籔は、影も形も無く取払われて、広い直線の

図A―2

道路が六本木の方へ続いていた。細民街で有名な此辺も今は正面的に立派な街と成ってしまった。人家なんぞなかった青山墓地の辺や、赤十字病院のあたりから、道玄坂、駒場、渋谷のあたりも、新開地らしく新築家屋が到るところに見られて、郊外住宅地と化していた。父に連れられて昆虫採集に出掛けた土地ではあるが、昔の俤は無くなりつつあった。

「サイミン（細民）」は〈貧しい民・貧民〉のこと。赤坂見附の「水溜り」で「鯉やフナを捕」っていたという。「新開地」「新築家屋」「郊外住宅地」という語が使われ、かつて「昆虫採集に出掛けた土地」が急激に変貌していることがわかる。

図A―2は『武蔵野の記録』の口絵として掲げられている「第三図千住大橋」であるが、「図版解説」において織田一磨は次のように述べている。

千住大橋は現在鉄橋に代えられているが、大正五年頃は図のような日本流木橋で、趣味が多かった。北寿の千住大橋（挿絵七十六図参照）とくらべると、面白い変遷が感じられる。北寿の絵には竹屋があるが、あれは無くなっていた。その代り河岸にはアシや水草が茂っていて、如何にも隅田川の昔が偲ばれる。

北寿と現在との中間に当る此絵は、大橋の歴史的記録図として甚だ貴重な資料かと思っている。斯《〔こ〕》うして年代順に陳列できる位に沢山あれば申分はないが、同じ隅田川の橋でも千住大橋の図は余り沢山はない。これが永代とか両国ならば、浮世絵には沢山あるから甚だ面白くなる。

鉄橋でも永久性は保証できないので、何時変化するか知れない。永代や両国の鉄橋も変更されて今の姿になったのだから、大橋の鉄橋もどんな都合で架け更えられるかも知れない。

図A―3はボストン美術館「Museum of Fine Arts」（MFA）のオープンソースを使わ

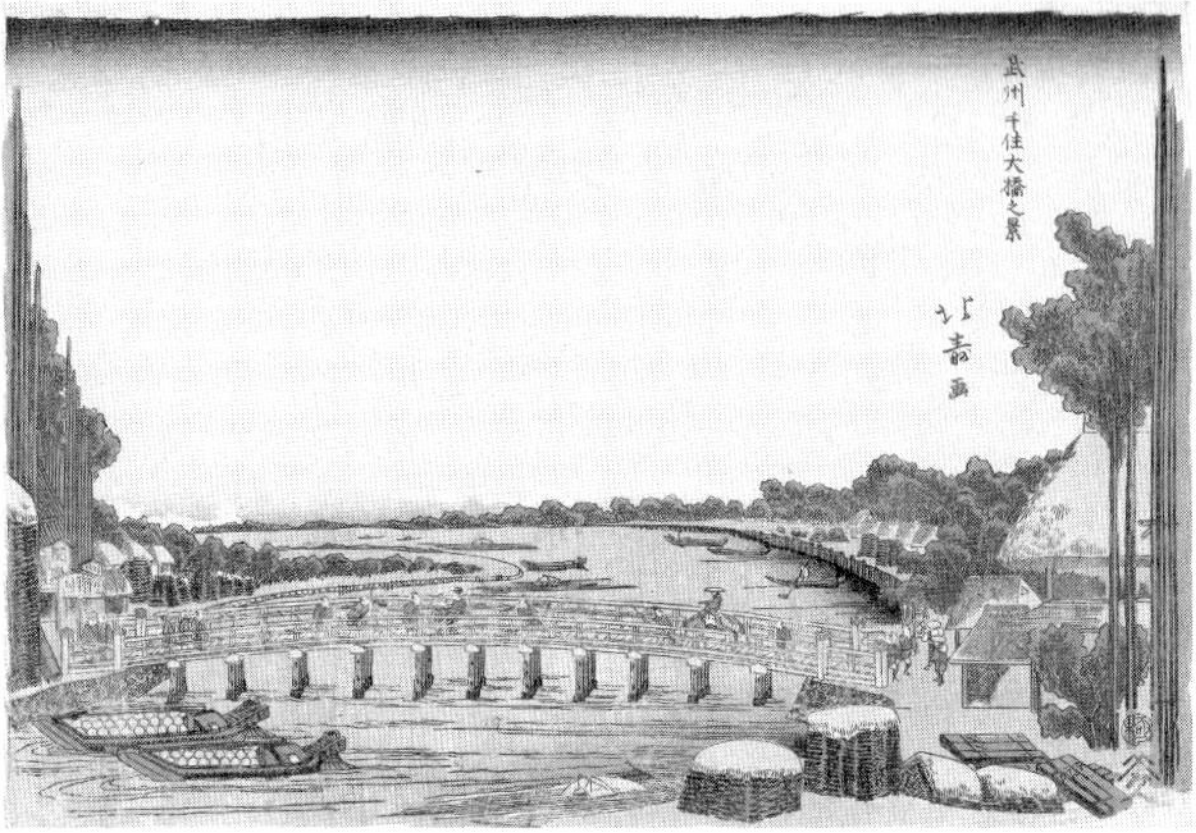

図 A―3

せていただいたが、北斎の門人、昇亭北寿（生没年未詳）の「武州千住大橋之景」である。両側に竹がたてかけられているのがわかるが、たしかに織田一磨の作品にはそれはみえない。

そうした、風景の「具体的な変貌」ぶりも興味深いが、何より、明治十五年生まれの織田一磨が、大正五年頃に自身が目にした風景を浮世絵と比べたという、その「心性」に注目したい。織田一磨が生まれた明治十五年頃には身のまわりに「江戸情調」はあった、ということであろう。それが大正五年にはいわば「消失」していた。そうした「消失」は過去への懐旧的な気持ちと同時に、「未来永劫」を具体的に疑わせた。それが「大橋の鉄橋もどんな都合で架け更えられるかも知れない」という文に込められていると感じる。

永井荷風（一八七九～一九五九）は織田一磨よりも三歳年長にあたり、明治三十六年に渡米している。荷風が『日和下駄』を『三田文学』に発表したのは、大正三年から四年にかけてである。

『日和下駄』も多くの浮世絵を挿絵として掲げている。また「第一　日和下駄」においては、「昔ながらの名所古蹟を日毎年毎に破却して行く時勢の変遷は、更に市中の散歩をして悲哀無情の寂しい詩趣を帯びさせる」と述べている。この「心性」は織田一磨と通う。その一方で、『日和下駄』の「第六　水」においては次のように述べている。

かく品川の景色の見捨てられてしまったのに反して、荷船の帆柱と工場の煙筒の叢《むらが》り立った大川口の光景は、折々西洋の漫画に見るような一種の趣味に照して、此後《このご》とも案外長く或一派の詩人を悦ばす事が出来るかも知れぬ。木下杢太郎氏や北原白秋氏の或時期の詩作には築地の旧居留地から月島永代橋あたりの生活及び其の風景によって感興を発したらしく思われるものが尠《［すくな］》くなかった。全く石川島の工場を後《うしろ》にして幾艘となく帆柱を連ねて碇泊するさまざまな日本風の荷船や西洋形の帆前船を見れば、何となく特種な詩情が催される。私は永代橋を渡る時活動する此の河口の景色に接すると、いつもドオデヱがセヱン河を往復する荷船の生活を描いた可憐なる彼の「ラ・

ニベルネヱズ」の一小篇を思出すのである。今日の永代橋には最早や辰巳の昔を回想せしむべき何物もない。さるが故に、私は永代橋の鉄橋をば却てかの吾妻橋や両国橋の如くに醜くいとは思わない。新しい鉄の橋はよく新しい河口の風景に一致している。

右には「西洋の漫画に見るような一種の趣味」やドーデーの「ラ・ニベルネヱズ」（＝ベル・ニヴェルネーズ号 ある古い船とその船頭の物語）を「思出すのである」と述べられている。そして「今日の永代橋」には「昔を回想せしむべき何物もない」と述べながら「新しい鉄の橋はよく新しい河口の風景に一致している」と、今日の「風景」を受け入れている。アメリカ、フランスを「経験」した永井荷風は、大正三〜四年頃、こうした「心性」も併せもっていた。

一九二〇年前後には東京およびその近郊の景観、風景が変わっていったことがわかる。そしてそれは「景観」「風景」といった目に見えるものの変化といってよい。一九二〇年前後には具体的な「ありかた」も現代とつながり始めたといってよいだろう。

3　一九二〇年という現在

谷内六郎がみた東京

谷内六郎（一九二一〜八一）といえば、「『週刊新潮』の表紙の人」と思われる方もあるだろう。谷内六郎は『週刊新潮』の創刊号から表紙絵を担当し、五十九歳で没するまでに千三百三十五枚の表紙絵を描いている。

青山表参道交差点にある山陽堂書店のビルの壁画が谷内六郎の作品である。この山陽堂書店は、明治二十四（一八九一）年に創業している。明治神宮の鎮座祭が行なわれたのが、今から百年前の大正九（一九二〇）年十一月一日であるので、山陽堂書店創業時には、明治神宮もなく、青山は渋谷川や原宿を見下ろす山の上だったはずだ。

谷内六郎が生まれた場所は渋谷伊達町（現在の恵比寿三丁目あたり）であるが、その後すぐに三軒茶屋にほどちかい世田谷の駒沢に移り住み、幼年時代を過ごしている。谷内六郎の画文集『旅の絵本』（一九六五年、修道社）には幼年時代の回想が記されている。谷内六郎は大正十（一九二一）年の生まれであるので、谷内六郎の回想は本書が採りあげている

「明治三十五年〜昭和五年頃まで」の「昭和五年頃」にちかいことになる。

「トロッコとげんごろう」という題の文章では次のように述べられている。

父は大日本製糖の創立者鈴木藤三郎氏（発明と実業家）のもっていた富士山のすそのの牧場主任をしていました。

以後、牧畜関係の学校が渋谷に創立される時、父もこれに加わりました。学校内に家があったので、ボクは渋谷で生まれました。

後に世田ヶ谷に学校が大きい敷地を求めたので、見わたすかぎり田園のある武蔵野特有の雑木林や丘や竹やぶや小川にかこまれた地帯に家も移り、ボクは六歳でした。

谷内六郎が六歳ということは一九二六年頃ということになる。この文章の前には次のようにある。

芥川竜之介氏の「トロッコ」という短編がボクが一番好きなのもああいう経験がボクにもあるからです。このトロッコの線路について行けば、目黒のお婆さんの家に行けるといつも思っていました。

しかし幼い心には目黒というところが気の遠くなるほど、それは遠い遠いところに感じたものでした。雨季になるとトロッコの線路に水たまりができて、線路は赤くサビて水たまりにゲンゴロウや水すましやメダカの住むのんびりさかげんです。

トロッコは長い雨季の間、いつまでたってもあのコットンという音をたててやって来ませんでした。

芥川竜之介が自死するのが昭和二年のことだ。右の文章に続いて、当時の世田ヶ谷のことが次のように記されている。

畑のスイカドロボーがこわく感じるというくらいのもので、あとは火の見が、年に何べんか急をつげる鐘の音がこわいくらいのものでした。家といえばまったくなく、遠く点々と農家のわらぶきや土蔵が陽をうけているもので、モズがケヤキの木ずえでケンケン鳴くころは、空も澄みきって、物音は枯葉の落ちる音、鳥の飛立つ音くらいです。富士や丹沢連山がすぐそこに屏風絵のように迫っている世田ヶ谷でした。

夜ふけまで父があつい本、ダウィンの種の起源とかカントなどの本を読んでいたようです。父は明治時代富山の中学校を出て大日本製糖に入ったのですが、なかなかの学究型で年中書物や筆をはなさずにいました。

谷内六郎の父が読んでいたという「ダウィンの種の起源」は、丘浅次郎校訂『種之起原』（一九〇五年、東京開成館）であろうか。この本には「生存競争適者生存の原理」という副題がつけられていた。

進化論の一九二〇年代

丘浅次郎（一八六八～一九四四）は、一般にはあまり知られていないともいえようが、土田杏村は『日本支那現代思想研究』（一九二六年、第一書房）において次のように述べている。

丘浅次郎は純然たる動物学者であり、日本における動物学の発達に対しては甚だ多く寄与して居る。殊に厳密に学問的である進化学説は、全く彼によって日本へ紹介せられたと言ってよく、其の点では、彼は全く日本に於ける「進化論の父」と呼ばれなければならない。彼の哲学的思想は、すべて其の進化論の上に立脚したものであった。併し加藤［引用者補：加藤弘之のこと］が其の同じ立場の上に立って国家主義的であったとは反対に、丘は全然デモクラティックであり、或は寧ろ社会主義的と呼ばるべきものであった。抽象的な概念的論議を彼は「懐手式推理法」と呼んで軽蔑し、常に確実なる事実を以て理論を検証しようとするが、其の所論は単純平明であり、其の文章はユウモアに富んで居る。日本に於て最もコスモポリタニックな自由思想家と言ったら、先ず最初に彼を挙げなければなるまい。アナキストであった大杉栄の如きも、丘の思想には常に大いなる興味を持って居た。

大杉栄の「アナーキズム」には生物学、進化論が大きな位置を占めていることが指摘されているが、『種之起原』の前年、一九〇四年に同じ東京開成館から出版された『進化論講話』が影響を与えたことについて、大杉栄は『自叙伝』（一九六一年、現代思潮社）の中で次のように述べている。

矢野竜渓の『新社会』は矢来町時代に、丘博士の『進化論講話』は壱岐坂下時代かあるいはその少し後かに、幾度も繰り返しては愛読した。

『新社会』は少し早く読みすぎたせいか、その読後の感興というほどのものは今なんにも残っていない。しかし『進化論講話』は実に愉快だった。読んでいる間に、自分のせいがだんだん高くなって、四方の眼界がぐんぐん広くなって行くような気がした。今まで知らなかった世界が、一ページ毎に目の前に開けて行くのだ。僕はこの愉快を一人で楽しむことはできなかった。そして友人にはみな、強いるようにして、その一読をすすめた。自然科学に対する僕の興味は、この本で始めて目覚めさせられた。そして同時に、またすべてのものは変化するというこの進化論は、まだ僕の心の中に大きな権威として残っていたいろんな社会制度の改変を叫ぶ、社会主義の主張の中へ非常にはいり易くさせた。

「なんでも変らないものはないのだ。旧《ふる》いものは倒れて新しいものが起きるのだ。いま威張っているものがなんだ。すぐにそれは墓場の中へ葬られてしまうものじゃないか。」

『進化論講話』は明治三十七（一九〇四）年に東京開成館から出版されている。丘浅次郎には『進化と人生』（一九〇六年、東京開成館）、『生物学講話』（一九一六年、東京開成館）、『煩悶と自由』（一九二一年、大日本雄弁会）などの著作もある。『煩悶と自由』に収められている、大正九（一九二〇）年一月に雑誌『雄弁』に掲載された「自由平等の由来」と題された文章には次のようにある。

文明の進むに随うて貧富の差が著しくなり、其の間に激しい争いの起るに至った直接の原因は、道具が段々精巧に成ったと云うことであるが、更に其の先の原因を尋ねると、之《これ》また団体を単位とした自然淘汰が中絶したために、団体生活に必要な性質が退化したことに外ならぬ。団体生活に必要な性質とは、云うまでもなく協力一致であるが、若しも人間に此の性質が充分に発達して居たならば、仮に貧富の差が生じたとしても、富者は財産の全部を団体のために提供するであろうから、何の問題も起る訳が無い。然るに実際に於ては、此の性質が已に著しく退化して居た所へ、貧富の懸隔が急に甚だしく成ったので、社会の制度に不備の点のあることが覿面に現れ、其ため、自由平等を要求する改造の思想が盛に火の手を挙げるに至ったのである。

生物に対しての観察から得られた知見を人間にあてはめていく、という言説であるが、「貧富の差」「貧富の懸隔」が話題の中心にあり、そこから「改造の思想」がうまれたという「みかた」を採っていることがわかる。

変化の時代への総合的視点

さて、谷内六郎を起点とした「線」は「芥川竜之介」につながり、ダーウィンの『種の起源』につながり、そこから「丘浅次郎」につながり、さらに「大杉栄」や「アナーキズム」につながっていく。

天野祐吉は『旅の絵本 谷内六郎文庫①』（二〇〇一年、マドラ出版）の「解説」において、「谷内さんの書く文章は、谷内さんの描く絵と同じ意味とレベルで、美しい。鋭い。ときに怖い。そして、怖さも含めて心地よい。谷内さんは、単なる夢や郷愁を描いた画家ではなかった」「谷内さんは、ぼくたちが忘れてしまったり、目をそらしていたりする風景を、忘れてしまってはいけない、目をそらしてはいけない風景として描きつづけた。まったく同じことが、谷内さんの遺した多くの画文についても言える。そのいくつかを読んでいる内に、ぼくらがふつうだと思って生きている日常の世界が、とつぜん宙づりの異常な世界のように思えてきたりするのだ」と述べている。

「ぼくたちが忘れてしまった」風景とは、「ぼくたち」が子供の頃に見た風景、あるいは「ぼくたち」が一瞬だけみた風景だろうか。「ぼくたちが子供の頃に見た風景」は「かつての風景」そのものであり、それは「かつての風景が凝縮された風景」でもあるだろう。それを「日本列島上の風景」と言い換えるのは言い換えすぎかもしれない。しかし、天野祐吉が言いたいことはそういうことだろう。谷内六郎の絵の「怖さ」がどのような「怖さ」

であるのかを説明することは難しそうだ。これは天野祐吉にしか説明できないかもしれない。しかし、「単なる夢や郷愁を描いた画家」ではなかったということばを対置させれば、夢や郷愁に満ちた「風景」だけではなく、人間のもつ「怖さ」も併せて捉えていたということだろう。失われていく「江戸情調」は「怖さ」ではないけれども、そういう「喪失感」のようなものもえがいたといえそうだ。

明治末年から大正、昭和初期にかけて、「国としての日本のありかた」「社会としての日本のありかた」が変わり、そうした「日本のありかた」の変化とともに「日本文化のありかた」や「個人としてのありかた」が変わった。そうであるとすれば、やはりこの時期をとらえるためには、総合的な視点が必要になってくると考える。本書では、できるだけこの「総合的な視点」を意識しながら、いろいろなことがらを観察していこうと思う。

生方敏郎がみた「大正八年夏の世相」

生方敏郎『明治大正見聞史』（一九二六年、春秋社）は明治十五（一八八二）年生まれの生方敏郎が「子供の時から見たり聞いたりした数多くの事件の記憶の中から、明治大正二代にかけて可也世間の注目を惹いたエポックメーキングな出来事」（同書「序」）をまとめたものであるが、生方敏郎という具体的な身体を通してとらえられている点において興味深い記事が多い。「大正八年夏の世相」と題された文章がある。「天下にその名の高い小説家」の「大久保郊外」と「秘蔵息子茶目君」「愛妻おかめ子さん」の会話がおもしろい。

おかめ子　でも洋服を着ているのでは、マサカ泥棒じゃないでしょう。あなたは、去年泥棒に会ってから、誰でも直覚的に盗人にしてしまうけれど……

郊外　バカ、泥棒だって洋服も着れば、洋食も喰うよ。お前なんかは、身装《みなり》さえ良ければ紳士だと思っている。それが抑もの大間違いだ。昔の泥棒は尻切襦袢に三尺といった風俗だったけれど、此頃の泥棒は、大泥棒は勿論紳士態だが、小泥棒にも洋服を着た奴は幾らも有る。それ此間も「時代の産物、洋服を着た泥棒の出現」と新聞に出ていたじゃないか？

おかめ子　つまり泥棒がハイカラに成ったのだわね。

郊外　泥棒でも学生でも労働者でも乞食でも百姓でも、金が取れりゃ皆ハイカラにも成り贅沢にも成る。

おかめ子　労働者でも何でもお金の取れる方がいいわね。

郊外　いいとも——尤も俺だけは御免だがな——お金は取れても、取れないでも、近頃労働者の持て方といったらないじゃないか。こないだも、賀川豊彦と云う駆け出しの文士が何処かに労働者崇拝論という文章を書いていたよ。

そこに「日本朝刊新聞の記者」「早耳菊雄」がやってくる。

早耳　何うもお暑くなりましたね。

郊外　内にいると、そんなでも有りませんが、電車の中は甚《ひど》いでしょうね。

早耳　兎に角此春からの込み合い方と云ったらありませんからね。こないだ過労の為めに電車の車掌が卒倒した相ですが、乗客も実際卒倒し相ですよ。暑かったり、押されたりですから。奥さん。今日は。

（略）

早耳　そうですか。三越はお買物ですか？　大変な景気ですね。

郊外　いやはや、茶目にせがまれましてね。エレヴェーターに乗りに行ったんです。エレヴェーターに六ぺんエスカレーターに二度乗って、しまいにはエレヴェーターの車掌さんと馴染になりましたよ。あハハハハ……

おかめ子　そうして、自分は坊やと村井へなんか行って置いて、こないだ私達と行った時には「もう帰ろう帰ろう」ってアイスクリーム一杯飲ませはしないんですの。

（略）

早耳　そんな事はないでしょう。役人は兎も角も、会社員の今年の景気と来たら、そりゃあ、素晴らしいものです。三井物産の此夏のボーナスは月給の四十ヶ月分ということです。百円取る者は四千円だ相です。他の小さい会社の社員でも、相当に配当が有ったでしょう。昨日も、ライオンの氷室《ひむろ》デーに行って見ましたら、二階も下も満員で、皆なまだ今でもボーナス気分に酔っている様でした。

（略）

郊外　私もまだ独身の時分、一般の独身者と同じ様に石鹼と歯磨粉と楊子なんかには、贅沢をしていつも舶来の品を用いていました。そして、同居していた親戚の人々に「石鹼と歯磨だけの貴族だ」なんて冷かされたもんですが、今ではそんな方までは金が廻らないから、つい無趣味な話だがライオンで満足する様になってしまった。

（略）

早耳　そう、私も、道具はいい物が好きですね。時に、あなた方は此夏は何地〔どち〕らへお出かけですか？

郊外　いや、とても、我々の行くところはないでしょうよ。折角、出掛けて行っても階子の下に陣を取ったり、西日の照り付ける座敷へ置いて貰うんでは、堪りませんからな。温泉地や海岸で、もう成金に荒らされていないところと云ったら、殆んど無い位でしょう。以前には印税の百円も持てば、家中で温泉へ行くこと位出来たんだけれど、今は、もう、一年に一度の湯治さえ、封じられてしまったも同様だ。

子供を連れて三越にエレベーターやエスカレーターに乗りに行く。三井物産の夏のボーナスが四十ヶ月分、などといろいろなことが記されていておもしろい。「成金」という語も使われている。

『広辞苑』の前身にあたる『辞苑』は昭和十（一九三五）年に博文館から出版されているが、「エレベーター」「エスカレーター」「ナリキン」はいずれも見出しになっている。

エスカレーター［Escalator］（名）自動的に転換して、乗客を階上又は階下に運ぶ装置の階段。自動式階段。

エレヴェーター［Elevator］（名）［機］電力・水力・汽力等の動力によって、人又は貨物を上下に運搬する機械。昇降機。―ガール［Elevator girl］（名）エレヴェーターの女運転手。

なりきん［成金］（名）㈠将棊の駒のなったもの。㈡㈠の意味から俄かに富豪になったこと。又はその人をいう。にわかぶげん。成上りの金満家。

言語の連続／不連続

二〇一九年五月一日に、元号が「平成」から「令和」に変わった。だからといって、時代が変わったということにはならないだろう。まして、「平成」から「令和」になったとたんに使っている日本語が変わるということはない。そのことはわかっているはずであるが、それでも元号が異なると、そこに何らかの「違い」を見出したくなる。

西暦一八六八年十月二十三日、慶応四年九月八日に改元の詔書が出され「明治」と改元された。慶応四年の旧暦一月一日に遡って明治元年にすることが定められたので、慶応四年一月一日が明治元年一月一日ということになる。

「慶応四年」を江戸時代ととらえると、江戸時代と明治時代とは、このように連続していることになる。当然、日本語も連続している。一方、江戸時代には江戸時代の日本語があり、明治時代には明治時代の日本語がある、という「みかた」もあるだろう。これは江戸時代の日本語と明治時代の日本語とを、「不連続」とみなす「みかた」であるといってよい。「つながっている」とみればつながっている。つながっていないとみればつながっていない。つまり、連続面と不連続面とがあるということだ。

明治の日本語と現代の日本語とを比べてみる。もちろんつながりはある。そんなに理解しがたいわけではないということが「つながり」の証といえよう。しかしまた、違いもかなりありそうだ。大正の日本語は、といえば、明治の日本語よりは現代の日本語にちかそうだ。「ちかそうだ」はずいぶん曖昧な表現であるが、芥川竜之介は明治二十五（一八九二）年に生まれて昭和二（一九二七）年に死去している。「羅生門」を『帝国文学』に発表したのが大正四（一九一五）年十月、翌大正五年には第四次『新思潮』を菊池寛、久米正雄、松岡譲らと発刊し、その創刊号に「鼻」を発表し、夏目漱石に絶賛される。明治生まれではあっても、芥川竜之介は「大正の文豪」であろう。

芥川竜之介の作品はどちらかといえば読みやすいと感じる方が多いのではないだろうか。それは「書きぶり」ということにもちろんかかわるが、それだけ現代の日本語に「ちかい」とみることもできるかもしれない。もしもそうだとすれば、明治時代、大正時代、昭和時代と時間が経過していくうちに、日本語が小さな変化をして、現代使っているような日本語になっていった、ということだ。

大正時代の日本語の研究はまだあまり蓄積されていない。少し前までは、大正時代は「歴史」ととらえられていなかったかもしれない。筆者の亡父は大正十二（一九二三）年生まれであったので、存命の頃には、大正時代のことを直接話してもらうことができた。

「ちかすぎてよくみえない」ということがある。それと同じで、ある程度の「距離」がないと対象をとらえにくい場合がある。

本書においては、一九二〇年を目安として、大正時代の日本語を少し丁寧に観察してみるということを、「現代の日本語の始まりはどのあたりか」という問いをもちつつ行なってみたい。筆者はかつて、明治三十七年頃に、それまでの日本語との「画期」があるのではないかと述べたことがある。明治三十七年は、いわゆる「日露戦争」の年であり、教育の面では、第一次国定教科書が実際に使われ始めた年である。明治三十七年ということであると、あまりにも限定し過ぎているので、少し前の明治三十五年、西暦一九〇二年あたりから、二十五年間と少し、西暦一九三〇年、昭和五年ぐらいまでをひとまずの観察対象として、先の問い「現代の日本語の始まりはどのあたりか」について考えていくことにしたい。もしも「百年前の日本語がすらすらわかる。わからないところはない」ということになれば、現代の日本語と百年前の日本語とは連続の相にあることになる。そうでなければ、そこには不連続面があることになる。そうしたことにも留意していきたい。

「かきことば」の標準形／多様性――雑誌・辞書・戦争

「はなしことば＝言」と「かきことば＝文」とを近づけようとした「言文一致運動」は

明治二十年頃から始まり、さまざまな試みを経て、明治四十年頃にはひとまずの達成をみる。それは「標準的なかきことば」の獲得を想起させ、そういう一つの「かきことば」の誕生を思わせるが、明治期の「はなしことば」に社会階層に応じた「バリエーション」があるとみれば、その「バリエーション」ごとに「かきことば」が成立した、とみることもできる。単一的であった漢文および漢文訓読的な「かきことば」は単一的ではなくなった。大正時代に入るとさまざまな雑誌が創刊され「雑誌文化」と呼ぶことができそうな文化的な展開をみせるが、それは多様な「かきことば」と呼応した展開であったともいえよう。想定される読者層の多様さ、それに応じた日本語の多様さ、そしてメディアの多様さが、大正期には具体的な「かたち」をもったといえよう。

第一章から第三章までは、さまざまな雑誌を丁寧によむことによって、観察対象としている約二十五年間の日本語がどのような日本語であるかを考えていくことにしたい。また第四章では、この時期に出版されたさまざまな辞書を採りあげて、辞書の日本語を観察してみたい。

一九〇二年から一九三〇年の間には、日露戦争（一九〇四〜一九〇五年）、第一次世界大戦（一九一四〜一九一八年）が含まれる。また大正十二（一九二三）年には関東大震災が発生しており、「戦争」「震災」がどのように言語化されているかということにも目を向けていきたい。これは現代的なテーマともいえよう。

有島武郎「一房の葡萄」、志賀直哉「小僧の神様」は、それぞれ、雑誌『赤い鳥』、『白樺』に発表されている。どちらもよく知られている作品であろうが、いつ書かれた作品かということは必ずしも意識されていないかもしれない。

「西洋人ばかり住んでいる」「横浜の山の手」にある学校に通っている「僕」が「僕より二つ位齢が上」の「ジム」が持っている「舶来の上等」の「西洋絵具」の「藍と洋紅との二色」を盗んでしまうという「一房の葡萄」。神田の秤屋に奉公している「仙吉」が「屋台のすし屋」で恥をかき、後に「若い貴族院議員のA」のはからいで「三人前のすしを平らげた」と（まとめてしまうと身も蓋もないが）いう「小僧の神様」とが同じ一九二〇年に発表されているということを知ると「そうなんだ」という気持ちになりそうだ。

これらの作品をいつ読んだかは、思い出せないが、「小僧の神様」はずいぶん前の話に感じられた。それは「屋台のすし屋」が筆者の経験の中では「イメージ」できなかったからだろう。こういう表現のしかたが、妙なことは承知でいえば、「僕がジムの西洋絵具を盗んだのと同じ時に、仙吉は屋台のすし屋に入った」ということだ。二つの作品はいうまでもなく、フィクションであるから、そういうことが現実にあった、ということではない。しかし、そういう作品が同時期に発表されているという観点はあってよいだろう。

これらはいずれも一九二〇年に発表されている。

『赤い鳥』は鈴木三重吉が主幹となって編集されている童謡と童話の「児童雑誌」と呼ばれることが多い。「児童雑誌」は「児童向け雑誌」ということであるが、児童が購入するとは限らない。児童の保護者＝「大人」が購入して「児童」に与えるということは少なくないことが推測できる。つまりおもに児童が読む雑誌であることはたしかであるが、保護者＝大人も読む可能性がある。その意味合いでは「大人＋児童」を読者として意識し、編集されているということも時としては必要になるだろう。

例えば「一房の葡萄」が載せられている『赤い鳥』の目次の前には「クラブ歯磨」の広告がある。そこには次のように記されている。

智識階級の／方々は近来／皆な此の純／真な合理的／なクラブ歯／磨を御愛用／になります

お子様達の歯を／御丈夫になさい／ませ…朝と食後／のクラブ歯磨で

右では「智識階級」「合理的な」という、歯磨き粉の広告にはいささかおおぎょうとも思われる語が使用されている。「お子様達」とあることからも明らかであるが、右の広告は「大人」に向けられている。「お子様達」は「智識階級の」「お子様達」であることになる。

その一方で、童謡を募集し、北原白秋がその中から雑誌に掲載する「入選童謡」を選んでいる。巻末には「募集童謡について」という題の北原白秋の文章が載せられている。

今月推奨の「てんとう虫」（都築君）は簡潔でいい。太鼓たたいてがいい。「蟇口」（藤井君）はいかにも童謡らしく子供気でいいものです。誰にでも一寸出来そうで中々こういう風に摑めません。「山火事」（佐藤君）はいかにも少年の自作らしい無邪気さがあります。とうとう腐って死んじゃったが面白い。

てんとう虫（推奨）都築益世

草の一本橋、
青空は高い。
太鼓たたいて、
てんとう虫渡れ。

蟇口（推奨）　藤井東洋男

蟇口ぱっくりしょ、
しろいぜにぴかり、
あかいぜに三つ、
なァにを買おぞ。

「蟇口」の「なァにを買おぞ」は「ナニ（何）」ではなく、それが少し長音化した「なァに」であることが工夫した表記によって示されている。また「買おぞ」は、当該語が「カオウゾ（買おうぞ）」ではなく、それが少し短音化した「カオゾ」であることを思わせる。つまり、標準的な語よりもいくらか母音を長めに発音したり、逆に母音を短めに発音したりするといった「実際に使われているはなしことば」を「表に出した」作品が「推奨」されていることが興味深い。白秋らしいといえば白秋らしいし、「かきことば」のバリエーションとみることもできるだろう。この時期は（実際にはずっと使われてきた）非標準的な語形を「かきことば」として残すことを避けていない時期といってよいのではないか。

現代はいろいろなことがらについて「多様性（diversity）」ということが話題になる。大正時代もまた「多様性の時代」であった。本書では、一九〇二年頃から一九三〇年頃まで、元号でいえば、明治末、大正、昭和初期を観察対象として、その時期の日本語の「多様性」ということに着目しながら考えていこうと思う。

第一章　総合雑誌をよむ

1　「東京行進曲」

1

昔恋しい銀座の柳
仇《あだ》な年増《としま》を誰が知ろ
ジャズで踊ってリキュルで更けて
明けりゃダンサーの涙雨

2

恋の丸ビルあの窓あたり
泣いて文《ふみ》書く人もある
ラッシュアワーに拾った薔薇を

3

せめてあの娘《こ》の思い出に
ひろい東京恋ゆえ狭い
粋な浅草忍び逢い
あなた地下鉄わたしはバスよ
恋のストップままならぬ

4

シネマ見ましょかお茶のみましょか
いっそ小田急で逃げましょか
かわる新宿あの武蔵野の
月もデパートの屋根に出る

右は、西條八十（一八九二〜一九七〇）作詞、中山晋平作曲の「東京行進曲」の歌詞だ。昭和四（一九二九）年に制作された日活映画『東京行進曲』の主題歌で、佐藤千夜子が歌い、レコードが大ヒットしたことで知られている。映画は、『キング』の昭和三（一九二八）年六月号から翌四年十月号まで連載された、菊池寛の小説「東京行進曲」をもとに制作されたもので、溝口健二が監督している。

「長い髪してマルクス・ボーイ／今日も抱える「赤い恋」」

映画は小説を「もとに」制作されたものであるが、映画が浅草公園内の「電気館」で公開された一九二九年五月三十日には小説はまだ完結していなかった。したがって、五月中旬に発売された『キング』一九二九年六月号の「続き」を映画でみる、というようないささか変わった展開になった。

また、4の歌詞が当初は次のようだったことを西條八十自身が『唄の自叙伝』（一九五六年、小山書店）に記している。

長い髪してマルクス・ボーイ
今日も抱える「赤い恋」
変る新宿、あの武蔵野の
月もデパートの屋根に出る

そして「これは当時マルキシズムが全盛で、長髪で深刻そうな顔をした青年が翻訳されたばかりのコロンタイ女史の「赤い恋」をよく抱えているのを見掛けたその世相描写であ

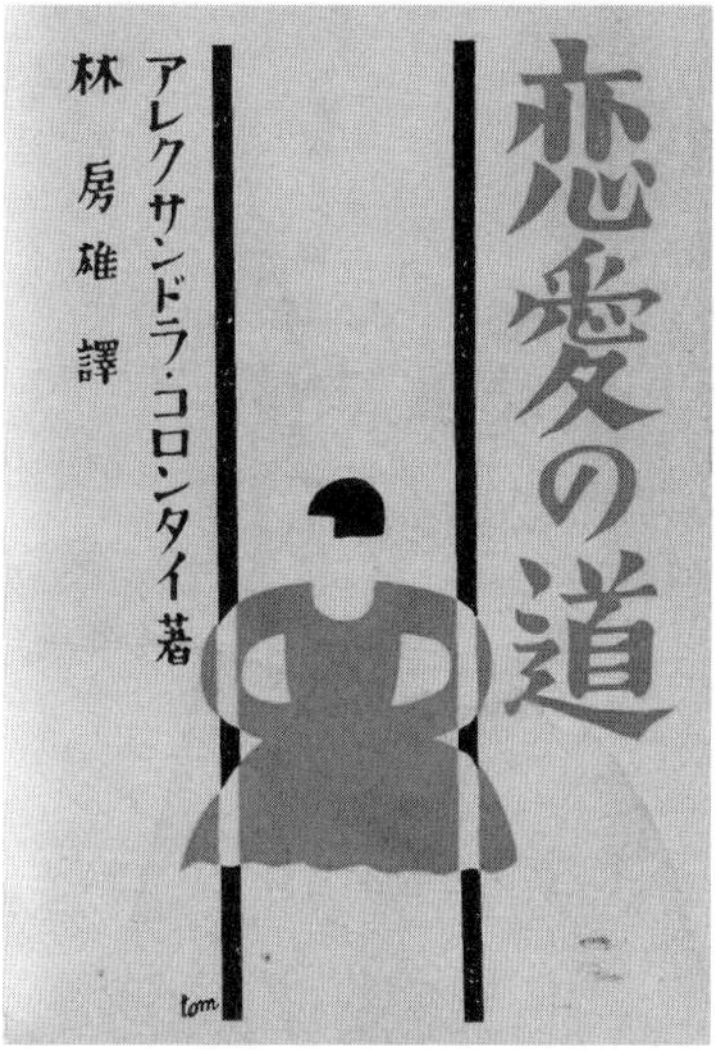

図1—1

ったが、ビクターの岡文芸部長が、官憲がうるさそうだから、ここだけ何とか書き変えてくれとい」ったことも記されている。

「コロンタイ女史」はロシアの女性革命家、アレクサンドラ・ミハイロヴナ・コロンタイ（一八七二〜一九五二）のことで、ソビエト政権樹立後の一九一九年にヨーロッパで初めての女性閣僚となったことで知られている。「赤い恋」はコロンタイの小説。

図1—1はコロンタイ著、林房雄訳『恋愛の道』（一九二八年、世界社）の表紙である。この本の末尾には『赤い恋』の広告が載せられているが、そこには次のように記されている。

新時代の恋愛物語！　コンミュニスト恋愛—赤い恋—とはどんな恋愛だ？　コンミュニ

ストの接吻は？　閨房は？

穎智と純情を兼備した、当来社会の典型的女性ワッシリッサ女史は、仕事と恋愛を如何に把握したか？　主婦として彼女は如何に振舞ったか？

夫が思想的に転落し、ブルジョア夫人と愛しあったとき、如何に行動したか？

ワッシリッサ女史の存在は凡《あら》ゆる女性、男性に大いなる示唆を齎らす
大胆奔放なる描写はフローベルやモーパッサンも跣足だ！

ソヴィエト・ロシアの幹部ブハーリンやセマシコが、ロシア国民の性道徳を頽廃さす恐れがあるといって発売禁止を主張したという問題の小説だ！


さらには「『赤い恋』に対する批評一班」というタイトルでさまざまな人々の『赤い恋』についての読後感や見解が述べられている。冒頭には細田民樹、次に谷崎精二、土田杏村、平塚明子と続く。平塚明子（平塚らいてう）、平林たい子は次のように述べている。

『赤い恋』は近頃読んだ小説のうちでもっとも深く身にしむものでした。新ロシアの社会や人間についていろいろ知ることが出来たという興味以上に、そこに描かれた女性の生活、殊に性生活によって提出された多くの問題は、同時に今日の日本の女性

の問題として――人事ならず考えさせられることが多いのでした。
（平塚明子　十二月二十三日『東京朝日新聞』「新刊良書推奨」）

私は、この書を、世の多くの、口紅と恋愛とより外に問題を持たないモダンガール、マダム諸氏、及び自分自身は最も進歩的なコンミニストであると自信しながら、女性に対してだけは実に古くさい考を持つコンミニスト諸氏、及び女は「性慾の道具だ」とより外には女性に対して何の考も持ち得ない古い男達、及「男は女を食わすもの、愛撫してくれるもの」以上の考を持たない大人しい娘さん達、しとやかな奥様達にぜひおすすめしたいのです。
（平林たい子　『文芸戦線』新年号より）

さて、「東京行進曲」のことを映画の「シュダイカ（主題歌）」と述べたが、『日本国語大辞典』は見出し「しゅだいか」の使用例として昭和五（一九三〇）年に出版されている鵜沼直『モダン語辞典』の「主題歌　主題は音楽のテエマの主題である。小唄映画とトオキイの勃興から歌が映画の中に導入されて来て、たうとう映画に主題歌と云ふものまで出来た」という記事を掲げている。記事中には「小唄映画」という語が使われているが、「東京行進曲」は当時の認識では「小唄」であったと思われる。

批判と反論

昭和四（一九二九）年八月四日の『読売新聞』の「文芸日曜附録」面には「民謡への公開状と抗議」という見出しのもとに伊庭孝の「公開状　軟弱・悪趣味の現代歌謡」という記事が載せられている。

記事中には「私が東京行進曲を罵倒した事を不当だとし、自分も初めは下品だと思ったが、歌っている中に堪らなくよくなって来た。貴殿はプロレタリアから娯楽を取り去ろうというのか。貴殿はプロレタリアの為めにああいうものを今迄与えた事があるのかというのであった。私が民衆音楽の為めに努力した事は、此の投書家を除いて凡《すべ》ての人が知っている。私の心事《しんじ》を誤解する人は恐らくあるまいと思う」と記されている。

この記事の隣に「伊庭孝氏に与う――「東京行進曲」と僕」という見出しの西條八十の記事が載せられている。記事冒頭には「先夜、ラデイオを通して、伊庭孝氏が僕の映画小唄「東京行進曲」を痛罵したそうだが、生憎その講演の内容を聴かないので、どんな風に言ったのだかよくわからない。ただ人伝てに聴いたところでは、日本民謡に、豪快なものが少くてセンチメンタルな柔弱なものが多いという慨嘆が主で、そのひきあいに僕の「東京行進曲」が出たのだそうだが、こうした慨嘆は敢て今日伊庭氏を煩わさずともわれわれ詩人たちが、十何年も前から唱えている議論で、少くとも民謡に手を染める人なら誰でも心得ている常識だ」と述べられている。そして西條八十は、伊庭「氏がどんなに苦心してデュールなメロディーでたとえば「出船の港」のようなものを作曲しても、それは決してパッと流行らないで、直ぐに「波浮の港」のようなモールなメロディーのものに圧倒されてしまう」というのであった。「民謡の生命は大衆が口にするところに存する。僕の東京行進曲が流行しそれが癪にさわるならそれを好んでうたう大衆を責めるがいい」と述べ、伊庭孝が「かなりや」と対照して「東京行進曲の歌詞を野卑だと罵」ったことについて、「「かなりや」は純真な児童に精神的な糧として与えた抒情詩だ。「東京行進曲」は不合理に膨脹した経済生活の下に乱舞している浮華な現代の首都人の生活のジャズ的諷刺詩だ。之を同一水平面に置いて批評する馬鹿もあるまい。芸術は人生の再現だ。見るところを活写しただけの「東京行進曲」のどこが悪いのだろうか?伊庭氏はすべての歌謡は露骨に教訓を語っていなければならぬと主張するのだろうか。それとも現在の東京は僕の謡に描写しているほど汚濁してはいないというのだろうか。又それとも、僕のこの歌詞の中に現代の都会生活の淫風を奨励している部分が在るとでも言うのだろうか。まさかそうは言うまい」と述べている。

　興味深いことに、記事の中に割り込むように「片眼鏡」というコラム的な欄が設けられていて、そこには次のように記されている。句点を補った。

> 最近流行歌の中心となった「東京行進曲」は其レコードの売れゆき今日で〔ママ〕まに十万枚だという。それにしても西條八十氏の作歌原稿料三十円也に較べて中山晋平氏の作曲印税五千円佐藤千夜子さんの吹込印税二千五百円也はどこから割り当てたか。詩人西條八十氏の立場は実に安価な立場であると云わねばなるまい。此なりゆきを知らない連中、金を出せと西條氏のところへ押し寄せるというが、この「押借行進曲」は一金三十円也の西條氏にとっては全く迷惑な話であらねばならぬ。

右の記事ではレコードが十万枚売れたと記されている。新聞記事中の「デュール」はドイツ語「dur」で長調、「モール」は「moll」で短調のことを指している。曲が「センチメンタルな柔弱」かどうか、歌詞が「野卑」かどうかは措くとして、西條八十自身が「東京行進曲」を「不合理に膨脹した経済生活の下に乱舞している浮華な現代の首都人の生活のジャズ的諷刺詩」と述べていることには注目したい。

「浮華な現代の首都人の生活」

本書では明治三十五（一九〇二）年頃から昭和五（一九三〇）年頃までを話題にしてい

るが、昭和初期の昭和四年には、西條八十のように認識する人がいた。「東京行進曲」は一番で銀座、二番で丸の内、三番で浅草、四番は新宿を採りあげている。大正十二（一九二三）年に、東京駅の前、御幸通りの左側に「丸の内ビルヂング」（丸ビル）がつくられている。小田原急行鉄道（小田急線）は昭和二（一九二七）年四月一日に開通し、昭和四年の四月一日には、小田原線の大野と片瀬江ノ島を結ぶ江ノ島線も開通している。

貨物線としての地下鉄は、大正四（一九一五）年に内閣鉄道院東京駅と東京中央郵便局駅との間の約〇・二キロメートルに開通したことがわかっている。また旅客線では、大正十四（一九二五）年には宮城電気鉄道（現在のJR仙石線）の仙台駅と東七番丁駅との間の約〇・四キロメートルが開通している。

そして昭和二（一九二七）年に、東京地下鉄道（現在の東京メトロ銀座線）の浅草駅と上野駅との間の約二・二キロメートル（四駅）が開通している。三番の「あなた地下鉄」の「地下鉄」はこの銀座線のことを指している。

地下鉄が開通し、都市内の交通手段が整備されていく。小田急が開通して、都市部から外に向かう交通手段が確保されていく。都市内では「ラッシュアワー」が始まっている。西條八十の「不合理に膨脹した経済生活」「浮華な現代の首都人」はまさしく正鵠を射た表現といってよいだろう。本書が採りあげている時期はそこに向かっていく時期であり、そうした時期の日本語であった。

「ラッシュアワー」で「薔薇」は拾わないだろうが、ラッシュは現代において、現象としても依然として存在しているし、「ラッシュ」という語も使っている。そう考えると、「東京行進曲」には現代の社会生活に通じる「ことがら」が描き出され、現代の言語生活で使っている日本語（にちかい日本語）が使われていることになる。

『日本国語大辞典』の見出し「ラッシュアワー」は「通勤・通学者が一時に乗り合わせるために交通機関が混雑する朝夕の一定の時間。ラッシュ」と説明されている。使用例としては大正三（一九一四）年に出版された原田棟一郎《とういちろう》『紐育』（政教社）の「夜のブロードウェー「家路に急ぐ夕まぐれ、所謂突進時間（ラッシュアワー）と来たら又一通りでない」」があげられている。

　少し時代が降るが、毎日年鑑附

図1—2

録『現代術語辞典』(一九三一年、大阪毎日新聞社・東京日日新聞社。図1—2)は「ラッシュ・アワ」を見出しにして「人間が一時に殺到して猛烈に混み合う時間、例えば都会の朝夕の通勤、帰宅時間など」と説明している。

「近代風景開現」

「東京行進曲」が描き出した「風景」は突然出現したものではない。少し前の時期に目を向けてみよう。大正十五(一九二六)年の十一月、北原白秋は芸術雑誌『近代風景』を創刊する。『近代風景』創刊号(図1—3)は白秋の「近代風景開現」という作品から始まる。

熱である。熱である。熱、熱、熱。
いかなる芸術運動も之無くして決して狂飈は捲き起さぬ。
時として私たちは林檎の花のごとく閑であった。月光のごとく、また、私たちは地の上に幽かであった。しかもまた私たちは本然の水脈を深処の土に聴いた。

開け、近代の風景よ。
太陽よ、雲よ、星座よ、山岳よ。
紫の電信柱よ、ああ、電波よ、アンテナよ。鳥人よ。
ああ、詩感は宇宙に瀰満する。
（以下略）

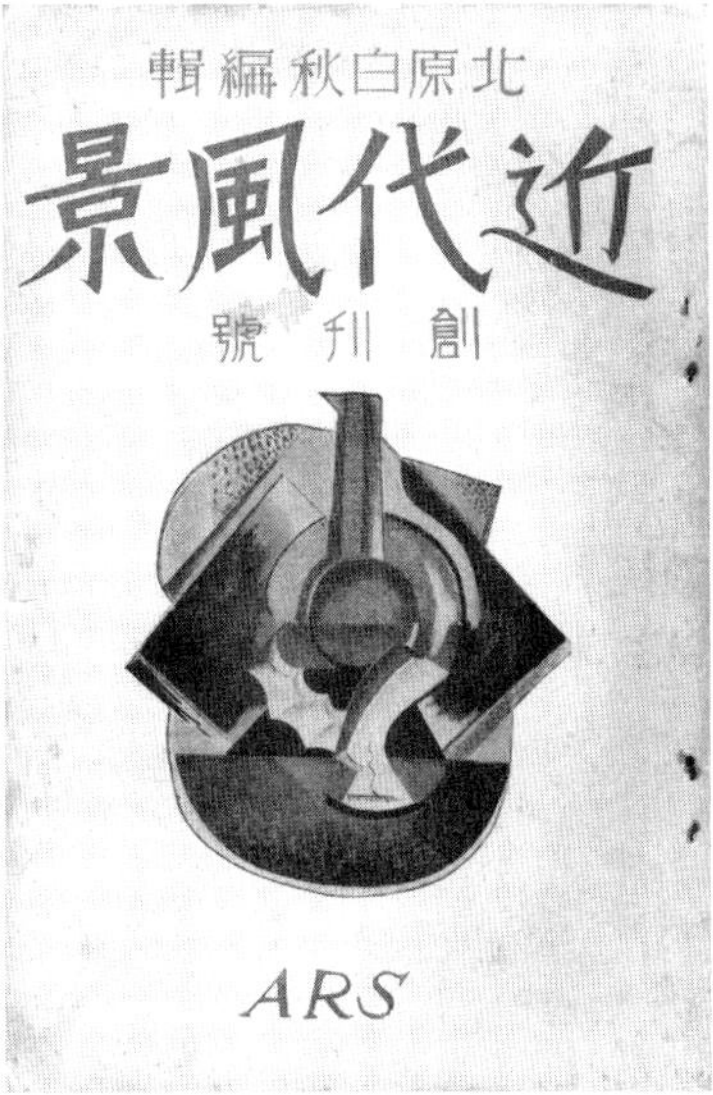

図1—3

詩には「電信柱」「電波」「アンテナ」という語が使われている。そのことからすれば、白秋の「近代風景」は「江戸情調から東京へ」でなく「東京のさらなる変化」をとらえていたことになる。雑誌『近代風景』は昭和三（一九二八）年九月に二十二冊を刊行したところで廃刊となる。翌昭和四年八月には詩集『海豹と雲』がアルスから出版される。『海豹と雲』には「鋼鉄風景」という作品が収められている。

神は在る、鉄塔の碍子に在る。
神は在る、起重機の斜線に在る。
神は在る、鉄柱の頂点に在る。
神は在る、鉄橋の弧線に在る。
神は在る、晴天と共に在る。
神は在る、鋼鉄の光に在る。
神は在る、近代の風景と在る。
神は在る、鉄板の響と在る。
神は在る、怪奇な汽缶に在る。
神は在る、モオタアと廻転する。

神は在る、装甲車《タンク》と駛《はし》る。
神は在る、砲弾と炸裂する。
神は在る、円形の利刃に在る。
截音は空をも削る。
神は在る、ダイナモの霊音に在る。
神は在る、一瞬に電光を放つ。
神は在る、鉄筋の劇場に在る。
神は在る、鉄工のメーデーに在る。
神は在る、車輪のわだちに在る。
轣音は野菜を喰《くら》う。

図1—4

図1—5

神は在る、はてしなき軌道に在る。
神は在る、雷雲に反響する。

神は在る、立体の、キュビズムに在る。
表現派は都市を彎曲する。（以下略）

『海豹と雲』が出版された一九二九年に、古賀春江は「海」（図1—4）という作品を描いている。右側の女性はハリウッド女優のグロリア・スワンソンの写真を下敷きにしていることなどがすでに指摘されている。そして翌一九三〇年には「窓外の化粧」（図1—5）という作品を描いている。筆者の個人的な感覚といわれればそうであろうが、北原白秋の「鋼鉄風景」と古賀春江のこの二作品とに「重なり合い」を感じる。

「窓外の化粧」は『古賀春江画集』（第一書房）に白黒で収められているが、この画集には絵画作品の後に、

「解題詩」とでも呼べるような詩が置かれている。「窓外の化粧」の後に置かれている「解題詩」は次のような詩である。

晴天の爽快なる情感、蔭のない光。
過去の雲霧を切り破って、
埃を払った精神は活動する。
最高なるものへの最短距離。
潑剌として飛ぶ——急角度に一直線を。
計算器が手を挙げて合図をする。

気体の中に溶ける魚。

世界精神の糸目を縫う新しい神話がはじまる。

「爽快なる情感」「過去の雲霧を切り破って」「埃を払った精神は活動する」「最高なるものへの最短距離」「急角度に一直線を」といった表現からは高揚感が感じられる。感じら

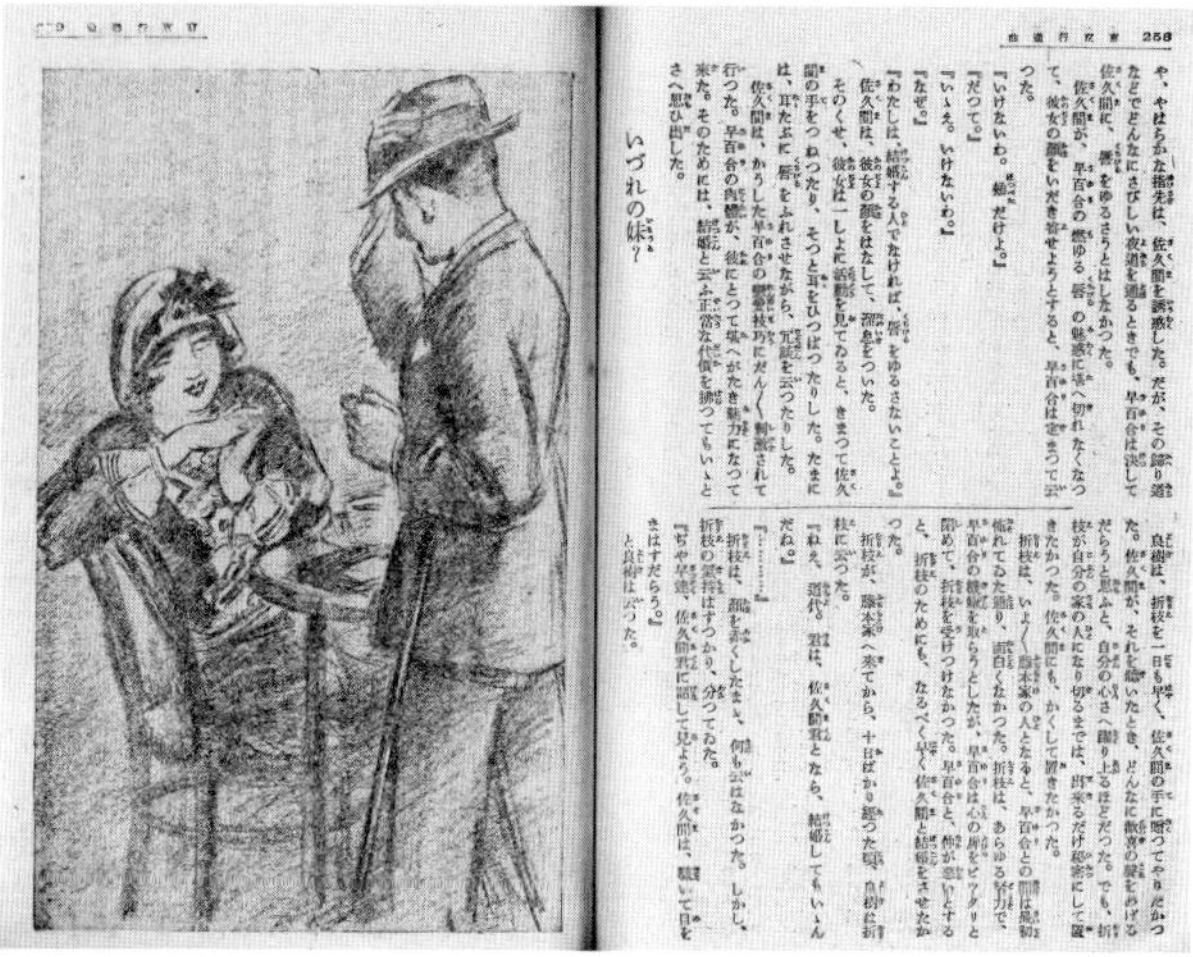

曲進行京東

曲進行京東　258

や、やはらかな指先は、佐久間を誘惑した。だが、その歸り道などでどんなにさびしい夜道を通るときでも、早百合は決して佐久間に、唇をゆるさうとはしなかつた。

佐久間が、早百合の燃ゆる唇の魅惑に堪へ切れなくなつて、彼女の顔をいだき寄せようとすると、早百合は定まつて云つた。

『いけないわ。結婚だけよ。』

『だつて。』

『いゝえ。いけないわ。』

『なぜ。』

『わたしは、結婚する人でなければ、唇をゆるさないことよ。』

佐久間は、彼女の顔をはなして、溜息をついた。

そのくせ、彼女は一しよに活動を見てゐると、きまつて佐久間の手をつねつたり、そつと耳をひつぱつたりした。たまには、耳たぶに唇をふれさせながら、冗談を云つたりした。

佐久間は、かうした早百合の蠱惑的な技巧にだん〳〵刺戟されて行つた。早百合の肉體が、彼にとつて堪へがたき魅力になつて來た。そのためには、結婚と云ふ正當な代價を拂つてもいゝとさへ思ひ出した。


いづれの妹？


良樹は、折枝を一日も早く、佐久間の手に贈つてやりたかつた。佐久間が、それを聴いたとき、どんなに歡喜の聲をあげるだらうと思ふと、自分の心さへ躍り上るほどだつた。でも、折枝が自分の家の人になり切るまでは、出來るだけ秘密にして置きたかつた。佐久間にも、かくして置きたかつた。

折枝は、いよ〳〵藤本家の人となると、早百合との間は最初怖れてゐた通り、面白くなかつた。折枝は、あらゆる努力で、早百合の機嫌を取らうとしたが、早百合は心の扉をピツタリと閉めて、折枝を受けつけなかつた。早百合と、仲が悪いとすると、折枝のためにも、なるべく早く佐久間と結婚をさせたかつた。

折枝が、藤本家へ來てから、十日ばかり經つた頃、良樹は折枝に云つた。

『ねえ、道代。君は、佐久間君となら、結婚してもいゝんだね。』

『……………』

折枝は、顔を赤くしたまゝ、何も云はなかつた。しかし、折枝の氣持はすつかり、分つてゐた。

『ぢや早速、佐久間君に話して見よう。佐久間は、聴いて目をまはすだらう。』

と良樹は云つた。

図1—6

れるのは「手放しの喜び」のようなもので、反省的な、あるいは懐疑的な「気分」は感じられない。それは、北原白秋の「鋼鉄風景」も同じであろう。一九二九年、一九三〇年頃にはそういう「空間」がたしかにあった。

2　『キング』を読む

図1—6は『キング』第五巻第一〇号（昭和四年十月一日発行）に載せられている菊池寛「東京行進曲」の最終回のページである。挿絵は寺内萬次郎（一八九〇〜一九六四）が担当している。大正十二（一九二三）年には菊池寛

が創刊した『文藝春秋』が春陽堂から発売されているので、この『キング』第五巻第一〇号の時点では、菊池寛が他誌に執筆しているとみるべきであろう。図でわかるように、漢字には振仮名が施されている。この号では、さまざまな「書き手」が小説を載せていることがわかる。

伝奇小説　怪盗夜叉王（秀峰画）　前田曙山
創作　妻の心（唯一画）　中村武羅夫
時代小説　大醜女物語（長秋画）　本田美禅
諧謔小説　新家庭双六（比左良画）　佐々木邦
長篇小説　東京行進曲（萬治郎画）　菊池寛
理想小説　死よりも強し（貞雄画）　鶴見祐輔
長篇小説　春遠からず（深水画）　加藤武雄
探偵実話　巴里の大強盗団（勝一画）　大下宇陀児
時代小説　風雲天満双紙（富弥画）　佐々木味津三

前田曙山（一八七二〜一九四一）は二十歳の時に「江戸桜」を尾崎紅葉の雑誌とでもい

えそうな『千紫万紅』に発表し、硯友社系の作家として活動を開始する。明治三十二（一八九九）年に春陽堂から出版された『にごり水』、大正十三（一九二四）年に朝日新聞社から出版された『燃ゆる渦巻』、翌大正十四年に東京朝日新聞発行所から出版された『落花の舞』などによって「大衆小説」の作家として認められるに至った。

前田曙山の小説作品は集中的に映画化されていることでも知られている。一九二四年には『燃ゆる渦巻』がマキノ映画製作所と日活との二社によって、また『情熱の火』は同年に、帝国キネマ、マキノ映画製作所、松竹の三社によって、さらに同年『歓楽の贄』が東亜キネマ、帝国キネマ二社によって、一九二五年には『落花の舞』が日活、東亜キネマの二社によって映画化されるというように、現代であれば考えにくいような「売れっ子ぶり」であった。小説と映画との「近さ」を感じさせる。

中村武羅夫《むらお》（一八八六～一九四九）は明治末期から大正期にかけて雑誌『新潮』の記者として活動をした。一九二五年には新潮社から『不同調』を刊行したが、一九二九年には休刊することになる。大正末期頃から婦女子向けに、いわゆる「通俗小説」を多数執筆し、加藤武雄、三上於菟吉《おときち》とともに「長篇三人全集」を出したが、必ずしも評価されていない。

加藤武雄（一八八八～一九五六）は、神奈川県津久井郡川尻村に生まれている。明治四十四（一九一一）年に新潮社に入社して編集者となる。『郷愁』（一九一九年、新潮社）によって作家としての地位を得る。『久遠の像』（一九二三年、新潮社）の発表後、「通俗小説」の書き手となったと説明されることが多い。

大下宇陀児《うだる》（一八九六〜一九六六）は、長野県上伊那郡中箕輪村に生まれ、旧制松本中学（現在の松本深志高等学校）から第一高等学校へ進学し、大正十（一九二一）年には九州帝国大学の工学部応用化学科を卒業し、農商務省の臨時窒素研究所に勤務する。

当時の同僚に春田能為《よしため》（甲賀三郎）がいた。春田能為は大正十二（一九二三）年八月に研究所に在職しながら、探偵小説も載せていた雑誌『新趣味』の懸賞小説に応募した「真珠塔の秘密」が一等に入選する。その時に使った筆名が「甲賀三郎」である。江戸川乱歩は同年四月に『新青年』に「二銭銅貨」を発表している。大下宇陀児は春田能為に影響を受け、探偵小説を書くようになる。大正十四年四月には『新青年』に探偵小説「金口の巻煙草」が掲載される。

大正十五年には、甲賀三郎は「純粋に謎解きの面白さを追求する」という意味合いで「本格」という語を使い始めるようになり、「本格」ではない探偵小説は「変格」と呼ばれるようになっていく。大下宇陀児は「変格探偵小説家」と目されていた。

図1―7は「長篇三人全集」第十九巻（一九三一年、新潮社）中村武羅夫『美貌／地獄の花嫁』の外箱である。この巻の口絵は「美貌」の登場人物「鮎子」を林唯一が描いたも

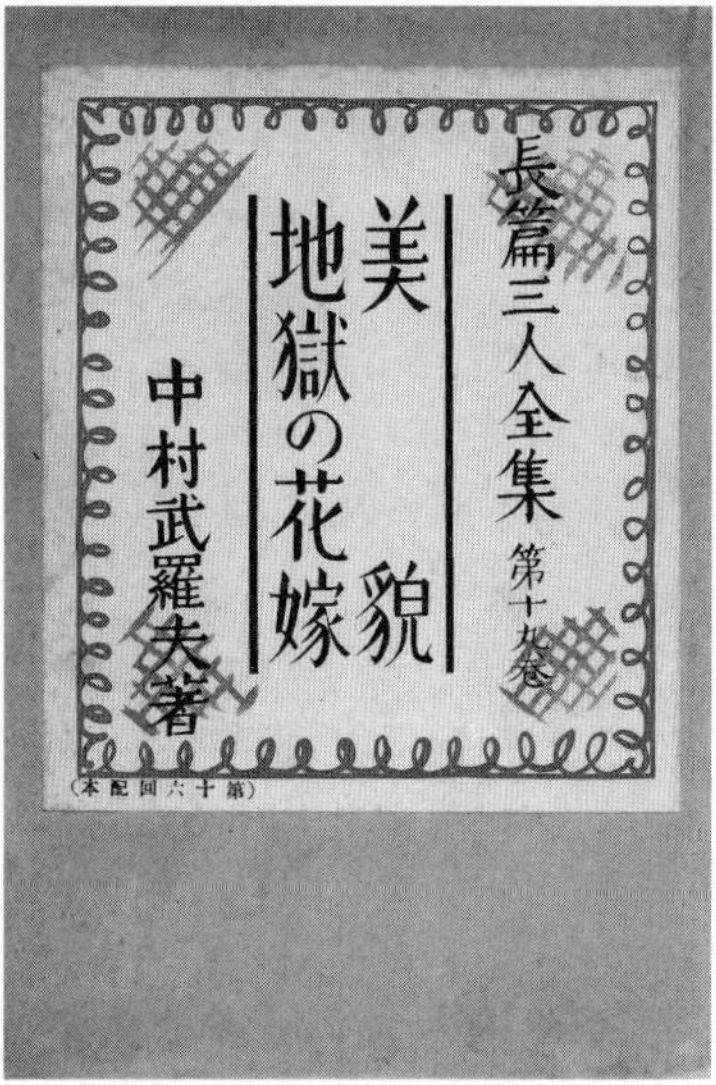

図1—7

のである。筆者が所持している本の目次の「美貌」のかたわらには、鉛筆書きで「シゴクツマラナイ」と記されている。いずれかの時期の所持者が自らの感想を書き込んだものであろう。

「大衆小説」「通俗小説」とは何か？

前田曙山についての説明中では「大衆小説」、中村武羅夫、加藤武雄についての説明中では「通俗小説」という語を使った。『日本近代文学大事典』第四巻（一九七七年、講談社）の見出し「通俗小説」には次のようにある。

> 小説として物語性娯楽性大衆性の高いものをさし、いわゆる純文学の反対概念として、広く一般に読まれる小説をいう。内容的には現代生活や風俗に取材した小説となる。（略）／（略）文学史的にみると、明治三十年代のいわゆる家庭小説に、通俗小

説の源流が求められる。（略）明治三十年代はじめにこのような小説が出現したのはけっして偶然ではなく、教育の普及による読者層の拡大とその水準の向上、資本主義体制の確立による表面的な経済的安定、日清戦争後のナショナリズムの昂揚とうらはらな自我解放などが、その底流にあったからである。（略）／この傾向は、大正中期、全国紙の発行部数が一〇〇万部を突破し、女性ジャーナリズムの擡頭隆盛のころからいっそう顕著となる。この時期に近代小説の方法を生かした久米正雄『蛍草』（「時事新報」大七・三〜九）や菊池寛『真珠夫人』（「東京日日新聞」「大阪日日新聞」大九・六〜一二）などが登場し、通俗小説を名実ともに整える。彼らの作品は、中上流階級の家庭を舞台に、当世風俗を的確に再現しつつ、前近代的モラルの不合理や男性のエゴイズムにたいする女性の批判と反逆とを描き、常識的だが現実的な解決を示して、大正期市民文学の外輪を形成した。この成功は、同時期に並行する私小説論を母胎にした純文学なる概念に対立する通俗小説という範疇の成立を意味する。しかもこの慰安と人生案内の読物は作家の経済生活を保証した。中村武羅夫、加藤武雄、竹田敏彦、小島政二郎らは、純文学と通俗小説を書分け、やがて通俗中心となっていく。

右は今から四十年以上前の言説である。右のような「純文学」と「大衆小説」とを「反対概念」としてとらえる「みかた」は現在では主流ではないと感じる一方で、しかし「底の底」にはそうした「みかた」はあいかわらずある、とも思う。「主流ではないと感じる」理由は一つではないが、例えば、「一九二〇～三〇年代の大衆文学の展開とメディア・ミックス現象に関する総合的研究」、「一九二〇～一九三〇年代における日本の探偵小説ジャンルの研究」といったタイトルの研究に科学研究費が交付されていることがある。「大衆文学」「探偵小説」がいまや正統的な研究対象として認められていることがわかる。

ともあれ、一九二〇年前後に現在の読みものの主流を占めるジャンルが確立したことがわかるのである。

『キング』の広告――歯磨き・健康器具・薬品

『キング』といえば、「大衆雑誌」と呼ばれることが多い。そのように呼ばれる『キング』がどのような雑誌であるかを具体的にみていきたい。

雑誌は購買者をある程度まで「想定」して編集されているとみるのが自然であろう。その、発売元である雑誌社、編集担当者に想定されている購買者を掲載されている広告類から探ってみることにしよう。

例えば、目次の裏側のページには「歯に関する俳句と川柳」とともに、「朝のライオン歯磨は気分を爽快にし／夜のライオン歯磨は能《よ》くむし歯を防ぐ」という「ライオン歯磨本舗」の広告が載せられている。

図1―8は裏表紙であるが、「美顔の白粉」の広告が載せられている。この「美顔の白粉」は左から右に進む「左横書き」であるが、「にきびとり美顔水」は右から左に進む「右横書き」で記されているところがおもしろい。そしてまた「生れつき色が白いような白さに付く白粉」「ニキビ吹出物に」「化粧水を兼ねた類の無い白粉」のいずれにも振仮名が施されているところも興味深い。

図1―8

そして裏表紙の見返しには「慢性胃腸病、婦人病…折紙付即効!!／二貫や三貫はらくらく肥る！」という宣伝文句とともに「専売特許ラジウム温灸治療器」の広告が載せられている。「二貫」は三・七五キログラムにあたる。説明文中には「此の「ラジウム温灸治療器」は古来賞用せらるる温灸艾と近代医療薬物中の珠玉とも言うべきラジウム塩類の放射能力を巧に結合応用し罨法〔あんぽう〕を以って加療する故、如何なる難病にも効くのが当然、特に婦人病、冷性、及胃腸病に比類なき卓効を奏し実験者悉く驚嘆感謝の有様です」とある。

「アンポウ【罨法】」は「充血や炎症などを除くために、薬液や水・湯などにひたした布で患部を冷やしたり暖めたりすること。また、その療法。湿布（しっぷ）」（『日本国語大辞典』）で、『日本国語大辞典』は明治四十一年の『生』（田山花袋）の例を最初に示し、次には志賀直哉の『暗夜行路』（一九二一～三七）の例を示している。

『キング』には、健康器具や薬品類の広告がかなりの数載せられている。例えば、「醜容《みにくいすがた》と＝健康上の障害《さわり》／男女　ふとり過ぎ」「◆身体《からだ》に害なく程よくやせて◆」「◆スラリとした美容姿《やさすがた》となれ◆」という「東京市小石川区表町六十七番」の「鶴岡薬品部」の広告が載せられている。

あるいは「日本人の慢性胃腸病は胃拡張症だ」という「小川氏胃拡錠」の広告や「東京市芝区田村町十八番地」の「東京薬院」の「皮膚病退治テーム水」や、「色白く誰も美しくなる／十人が、百人が、万人が、みんな色白く／誰でも美しくなる大評判の美白料『ウテナ』！」という「ウテナ」及びその姉妹品の「ウテナクリーム」の広告が載せられている。「ウテナクリーム」は現在でも販売されている。

和語「ウテナ」のもともとの語義は〈壇・台〉であったが、漢語「レンダイ（蓮台）」を「ハスノウテナ（蓮の台）」とやわらげて表現し、それが「ハナノウテナ」という表現をうみ、そこから「ウテナ」が〈花の萼〉という語義を獲得するに至ったと考えられている。その〈花の萼〉という語義の「ウテナ」がこの商品の名前の由来で現在は社名も「ウテナ」になっている。

また「名古屋市東区京町」の「荒川長太郎合名会社」の「ノーシン！ノーシン！頭痛に／ノーシン！」という広告もある。現在は「アラクス」が解熱鎮痛薬として「ノーシン」を製造、販売している。「アラクス」のホームページでは「「脳が新しくなったようにスカッと頭痛が治る薬」という意味の「脳新」説が最も有力です」と記されている。

あるいは「東京市京橋区新区役所際電車通り」にある「橋本徳次郎商店」の「白美液《ハクビエキ》」の広告には「白美液は外国人日本人老人青年女男の別なく不思議に生れ変った様に色白く美しくなりニキビソバカスも色黒も赤顔も汚点吹出《ふきで》日《ひ》焼荒性《やきあれしょう》あぶら顔《がお》等も完全に防ぎ色白く美しくするのが特長且つ大量生産に依り「良く効く品を安く売る」が自慢のモットーで今や世界第一の流行化粧品です。到処《いたるところ》の小間物化粧品店薬店百貨店講談社代理部等にあります」とある。「講談社代理部」でもこの「白美液」の販売をしていたことがわかる。

「フキデ」が「フキデモノ」の略語形であることはすぐにわかるが、現在は「フキデ」

はあまり使わないように思う。また「日焼」の振仮名は「ひやき」となっている。「ひやけ」の誤植である可能性もあるが、そうでなかった場合、現在は使わない「ヒヤキ」という語形があったことになる。『日本国語大辞典』は「ヒヤキ」を見出しにしていない。さらにいえば、「アブラガオ」も『日本国語大辞典』は見出しにしていない。本書が観察対象にしている時期の日本語については、まだ十分に観察、分析が蓄積されていない。こうした広告などを丁寧に読むといろいろな日本語に遭遇することができる。また「理想的催眠鎮静剤」として「バイエル・マイステルルチウス薬品合名会社」の「アダリン」という名の薬の広告が載せられている。

このように、『キング』には健康器具や薬、美容にかかわるさまざまな商品の広告が載せられている。このことからすれば、まず女性読者は確実に想定されているといえよう。その一方で、「東京市麴町区富士見町」の「井上通信英語学校」、「東京渋谷青葉町」の「日本速記学会」といったさまざまな学校の広告も載せられている。

目次の冒頭には「表紙・口絵・グラフ」という欄があって、表紙の「瀑布」は松岡映丘、口絵の「蘇武」は蔦谷龍岬、「静寛院宮」は吉村忠夫が描いていることがわかる。松岡映丘の父親は松岡操で、映丘の兄に医師で歌人・国文学者の井上通泰、民俗学者の柳田國男、民族学者・言語学者の松岡静雄がいる。吉村忠夫は松岡映丘の弟子にあたる日本画家。

『キング』は挿絵も豊富に入れられており、今風にいえば、「ビジュアル」面にも気配りがなされている。また、「名家百字文」という「短いコラム欄」のような欄がさまざまに設けられている。

出世・成功の時代

「グラフ」すなわち写真を中心としたページに続いて、文字を中心としたページが始まるが、その冒頭は「世界人気者出世ロマンス」と題された記事だ。

柔道を教わった	活劇王	フェアバンクス
書物を十五尺読んだ	発明王	エディソン
舌一枚筆一本で国家を建設した	大統領	マサーリック
『祈れ、そして、働け』という	大統領	ヒンデンブルグ
フロッコートに麦藁帽の	文豪	バーナード・ショウ
『私の顔を立てて下さい』と日本に呼びかける	女大臣	ボンドフィールド
同じ映画を三度観る	喜劇王	チャプリン
百姓に球をぶつけた	本塁打王	ベーブ・ルース

『無抵抗の抵抗』を説く	聖雄《せいゆう》	ガンディー
『俺は何時《いつ》でも一人だ』と言う	労働宰相	マクドナルド
皇帝に名を削られた	文豪	ゴーリキー
三十二時間半で世界の英雄児となった	飛行家	リンドバアグ
伊太利魂を鍛えあげる	熱血宰相	ムッソリニ
脚の足《たり》ない靴をこさえる	自動車王	ヘンリー・フォード
孫逸仙の遺志を継ぐ	国民政府の総帥	蔣介石
財産を擲って人類に奉仕する	大統領	フーヴァー

右で採りあげられている人物すべてが現在において周知の人物というわけではないだろう。例えば「マサーリック」はチェコスロヴァキア共和国の初代大統領となった、トマーシュ・ガリッグ・マサリク（一八五〇〜一九三七）、「ボンドフィールド」は一九二九年六月五日にイギリスの首相になったラムゼイ・マクドナルドの内閣で、労働大臣に就任したマーガレット・ボンドフィールド（一八七三〜一九五三）のことだ。

右では、チェコスロヴァキアの大統領もイギリスの労働党内閣の労働大臣も、インド独立の父、ガンジーも、アメリカ大統領フーバーも、同じ枠組みでとらえられている。その

「枠組み」が「世界人気者出世ロマンス」で、特に「出世」がキーワードであろう。

徳富蘇峰は明治三十七年九月に発表した「青年の風気」において、「明治の青年」は「個人的自覚を得」たけれども「国家的自覚」を失ったと述べている。そして、「個人的自覚」が「物質的に偏」すると「拝金宗者」となり、そこまでなく「比較的健全なるものは」「成功熱中者となる」と述べる。「物質的」ではなく「精神的に偏」すると「失望、落胆、厭世の徒となり」いくらか健全であれば、「人生問題の研究者、若しくは空想迂僻の大天狗となる」という。

「個人的自覚」をただちに「個人主義」と呼ぶことはできないであろうが、今そのように仮に呼ぶことにし、「拝金宗者」を「拝金主義」とこれも仮に呼ぶことにすると、「個人主義」が「拝金主義」に結びついたり、あるいは「成功」＝サクセスストーリーを追い求めるようになるという言説といってもよい。そして明治三十五（一九〇二）年には『成功』という名前の雑誌が「成功雑誌社」から創刊されている。

国家を離れた個人は、金銭的な「成功」や「出世」を目標にして動きだす。いや、むしろそうせざるを得なかったというべきだろうか。そのプロセスで「失望、落胆、厭世」を味わい、その反動は「空想迂僻の大天狗」をうみだす、といったところだろうか。この時期には「個」としての「多様性」があちらこちらに出現してくるが、それは求められていた「能動的な多様性」である場合と、そうならざるを得ない「受動的な多様性」という二つの面をもっていたのではないだろうか。

加藤周一が「日本のように、会社の社長さんもそこの小使いさんも『キング』を読んでいる国というのは、めずらしいのじゃないか」と述べたことが、『現代人の思想7 大衆の時代』（平凡社、一九六九年）に記されている。「社長さん」と「小使いさん」とは、年齢、職業、社会的な地位が異なるといってよいだろう。先に述べたように、「美顔の白粉」の広告が載せられているということは、女性読者もいたということだ。となれば、お母さん、お姉さんも読むということになる。つまり、『キング』は、性別、年齢、職業、社会的な地位を超えた雑誌ということだ。『キング』を「総合雑誌」と呼ぶことがある。その「総合」はずいぶんとひろい範囲を「総合」しているということになる。

そうなると、『キング』を特徴づける日本語があるというよりは、同時期のさまざまな日本語が『キング』に「集結している」とみたほうがいいだろう。本書は「総合的なみかた」を大事にしようとしている。それは明治末から大正、昭和初期がいわば「さまざまなことが総合的に融合している時期」だからであるが、『キング』はまさしくそのような雑誌といってよい。

3　『改造』を読む

『改造』は大正八（一九一九）年四月に創刊し、昭和十九（一九四四）年六月まで続き、休刊をはさんで、昭和二十一（一九四六）年一月に再刊し、昭和三十年二月の第三六巻第二号まで四百五十五冊が出版された。

東京毎日新聞社社長であった山本実彦が創業した改造社から出版されている。創刊号には「帝国の主導的講和条件」「労働省を新設すべし」「帝国大学と国際連盟」「銀行事業の統一策」というタイトルの社説四件を載せ、その他、安部磯雄の「労働者改造の急務」、与謝野晶子の「女子改造の基礎的考察」、大庭柯公の「新聞記者組合の精神と実行」、山田わか「社会の根本的改造は婦人の責務」などの論考、幸田露伴の「運命」や正宗白鳥の「我善坊にて」などの小説などを載せている。大正九年一月から五月まで前半部分が掲載された、賀川豊彦の小説「死線を越えて」は後半部分を書き足して同年十月に改造社最初の単行本として刊行され、ベストセラーとなり、『改造』と改造社の名前がひろまるきっかけとなった。大正十年一月からは、志賀直哉の『暗夜行路』の連載が始まるが、これは十七年にわたって『改造』に連載された。創刊号の表紙は第一次世界大戦後の講和会議が開かれているヴェルサイユ宮殿の遠景であった。

しかし、三号までの売れ行きは必ずしもよくなかったことが指摘されている。第四号は「労働問題 社会主義批判号」という特集号になっている。図1―9はその表紙。表紙の上部に「THE RECONSTRUCTION」と赤字で印刷されている。

労働問題 社会主義批判号

「本文」は「労働問題批判」と「社会土義批判」に分けて編集されている。前者では福田徳三「経済生活改造途上の一大福音」、安部磯雄「八時間労働制の確立」、河津暹の「社会政策乎社会主義乎」、河田嗣郎「労働運動を何れに導くべきか」、阿部次郎「跛的労働問題に就て」、桑田熊蔵「温情主義に就て」が載せられている。後者では賀川豊彦の「唯心的唯物史観の意義」、堺利彦の「マルクス批評概観」などが載せられている。

日本語ということからすれば、「社会政策乎社会主義乎」の「乎」は助詞「カ」にあてられているものと思われるが、こうしたいわば「漢文式表記法」が自然に使われている点には注目しておきたい。また、「本文」にはほとんど振仮名が施されておらず、挿絵もほとんどない。こうした点において、『キング』との「違い」がはっきりとしている。

「創作」として、武者小路実篤「へんな原稿」、上司小剣《かみつかさしょうけん》「愛国者」、小川未明「先に行った友達」、中村吉蔵「職業紹介所」、岩野泡鳴「母の立ち場」が載せられている。また、「日本より派遣すべき国際労働委員の適任者は誰か」という、今でいえば「アンケート」に対しての答えが載せられている点は編集上の「工夫」といえるだろう。山川均、厨川白村、堺利彦、与謝野晶子、内田魯庵などの他に、「鐘紡女工」「神戸製鋼所職工」「硝子工」「職工」「機械仕上工」「セルロイド工」といった人々の答えも載せられている。「職工」として名前が載せられている平澤計七は、大正十二（一九二三）年九月三日から四日にかけての、関東大震災による混乱の中で、社会主義者十名が、亀戸警察署にとらえられ刺殺された「亀戸事件」の犠牲者の中に含まれている。

図1—9

　第五号では「資本主義征服号」を謳うが、内田魯庵の「ボリシェウィズムとウィルソニズム」が一部削除となり、「労働組合 同盟罷工研究号」を謳う第六号は山川均の「労働運動の戦術としてのサボタージュ」が問題となり発売頒布禁止処分となる。

大正九（一九二〇）年一月号は山川均の「独裁政治とデモクラシー」が削除になり、翌月の二月号では、森戸辰男、小泉信三の二人の論文の掲載を見合わせている。

『改造』大震災号を読む

本書が扱っている明治三十五（一九〇二）年から昭和五（一九三〇）年の期間にどのような出来事があったかといえば、一九〇二年には日英同盟協約の調印、一九〇四年には日露戦争が始まり、翌一九〇五年にはポーツマス条約調印、一九一〇年には大逆事件が起こり、一九一四年には第一次世界大戦に参戦し、一九一九年にはヴェルサイユ条約に調印し、翌一九二〇年には国際連盟に加入し、一九二三年には関東大震災が起こる。

なかでも関東大震災は大きな出来事であった。図1―10は大正十二年九月に刊行された『改造』の第五巻第一〇号の表紙であるが、「大震災号」を謳っている。「改造」の上には「THE KAIZO」と印刷されており、先に示した号とはすでにデザインが変わっていることがわかる。

目次の次には「東京市震災一覧図」が掲げられているが、そこには「焼失家屋三十三万四千六百戸／死亡者七万二千六百人」と記されている。それに続いて「炎焼しつつある丸ノ内」「焦土に帰した浅草の歓楽郷」「第一相互楼上から見た銀座街」「破壊せる永代橋」とキャプションが付いた写真が載せられている。

記事は、安部磯雄「帝都復興に要する大なる犠牲」、経済学者堀江帰一の「破壊された東京市」、小泉信三「震災所見」、末弘厳太郎「帝都復興と借地権借家権の保護」、尾崎行雄「帝都改造の先決問題」、後藤新平「帝都復興に就いて」などの論説が載せられている。

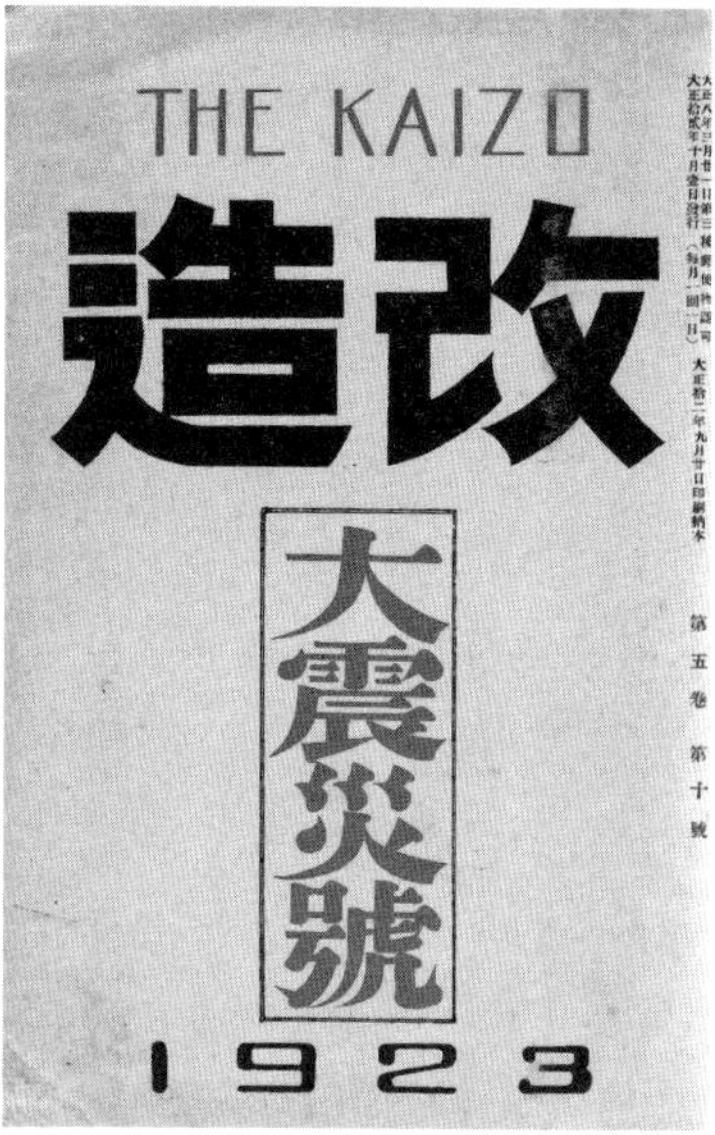

図1—10

大正十三（一九二四）年十月に金星堂から文芸雑誌『文藝時代』が出版される。創刊号には横光利一の「頭ならびに腹」が掲載されるが、その表現、言語感覚に注目したジャーナリスト千葉亀雄は『世紀』誌上で「新感覚派の誕生」と呼ぶ。この「新感覚派」という用語は現在でも使われているが、千葉亀雄がその命名者といえるだろう。その千葉亀雄は「震災と文化的影響」という文章を載せているが、その文章の後半に興味深い指摘がある。

文章の旧時代相

挙国一致と、軍隊謳歌と、経済第一が調子を合せて提唱される時代に、個人と社会の自由思想と創造性が、歩調をそろえて進んで行くのを期待するのは、始めからいささか無理であろう。またどうも無理なような気がする。そこで多くか少くかの意味で、反動思想がもりかえして来るかも知れない。また知れないと見る。

けれども私の言おうとするのはその事ではない。それとは別な事だ。つまり大震災を機軸として、わが国内の文章が、まるで明治三十年時代に復活した奇観を非難しようとするのである。先ず新聞に出る広告文を片っぱしから点検して行くと、一つ残らず文語と候文の復活である。中橋氏時代に口語の創造で、一代を清殺した文部省からが、岡野新文相のむずかしい訓令を始めとして、どの学校の広告も、みなおそろしく肩の張った候文である。官庁その他の一切の公官書――たしか、今までは一番民衆的であった筈の逓信省の公文すらも、今度は鹿つめらしい文語である。またその公官署から出した訓辞訓令の類の、文章の用語といったら何という六ずかしさか。まるで

「書経」か。「文選」かでもさがさねば、今時は、普通の印刷所などにはとても無さそうな多画な文字が、軒並みに並ばってあるのだからいやになる。あの分り易い時文を書く、俳人吏青嵐氏でさえも市の告文になると全く例の鬼面人を脅す式だ。一体この未曾有の大災害で、何事も手っとり早いことを骨頂として居る世の中に、誰に読ませようとて、諸官庁が揃いも揃って、あんなむずかしい四角文字の行列や虫ぼしをやらかしたものか、不親切も大概な話ではない。

「中橋氏」は第三十三代文部大臣をつとめた中橋徳五郎、「岡野新文相」は第三十六代文部大臣をつとめた岡野敬次郎のこと、「俳人吏青嵐」は、第八代・十四代東京市長をつとめた永田秀次郎（一八七六〜一九四三）、俳名永田青嵐のこと。「鬼面人を脅す」は〈見せかけの威勢で人をおどすこと〉。

「新感覚派」の文章の「新感覚」をいちはやく感じとった千葉亀雄は、右では震災後の文章が「明治三十年時代」のような「肩の張った候文」や「鹿つめらしい文語」になっていることを感じとっている。それは千葉亀雄には（今風にいえば）「盛られた」、ことさらに大げさな言語に感じられたのだろう。震災がどのようなことばで語られるかに注目することは大事だ。

この『改造』大震災号では、倉田百三、芥川竜之介、山本有三、藤森成吉、宇野浩二、室生犀星、野上弥生子、近松秋江、佐藤春夫、小川未明、秋田雨雀、里見弴、菊池寛、武者小路実篤、有島生馬、久米正雄など、文学者も文章を載せている。

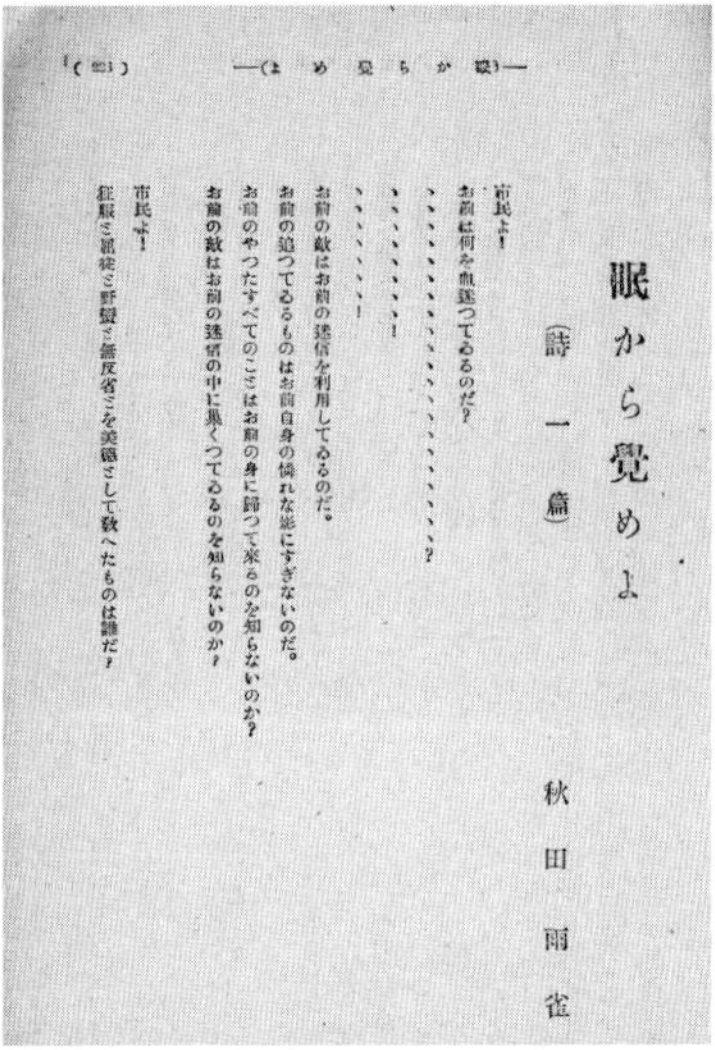
—眠から覺めよ—

眠から覺めよ

（詩一篇）

秋田雨雀

市民よ！
お前は何を血迷つてゐるのだ？
、、、、、、、、、、、、、、、、、？
、、、、、、、、！
、、、、、、！
お前の敵はお前の迷信を利用してゐるのだ。
お前の追つてゐるものはお前自身の憐れな影にすぎないのだ。
お前のやつたすべてのことはお前の身に歸つて來るのを知らないのか？
お前の敵はお前の迷信の中に巣くつてゐるのを知らないのか？

市民よ！
征服と服従と野蠻と無反省とを美徳として敎へたものは誰だ？

図1―11

図1―11は秋田雨雀の「眠から覚めよ」という詩作品であるが、図でわかるように「〻」によって伏せ字が行なわれている。鹿児島県薩摩川内市の「川内まごころ文学館」には山本実彦が所持していた『改造』へ投稿された原稿が蔵されている。その原稿によると、伏せ字は「お前の前に倒れてゐる者は一体お前の何なのだ？」「その鎗をおさめろ！」「その剣をすてろ！」であることが紅野謙介『検閲と文学』（二〇〇九年、河出ブックス）によって指摘されている。

図1―12は武者小路実篤「雑感」であるが、一ページ内の数カ所が「〻」によって伏せ

字になっていることがわかる。冷静な文章として、久米正雄の「鎌倉震災日記」をあげて、本章を終わることにする。

九月一日。

鎌倉に来てより早起の癖つき、朝八時頃起床。夜来より驟雨時々到り、荒模様なり。是では今夏最終の土曜日も、浜の人出尠かるべしと思いて、しよう事なしに机に向い、手紙など書き居たりしに、突如陰鬱なる地鳴りと共に地震起り、家きしみ初む。やや暫くして止むべしと思いしに、更に激しくなりて、茶の間との間の襖、小生の方に向い倒れ来りしかば、直ちに躊躇せず屋外に飛出す。揺れ初めしより約一分時ならん。予が脱出したるは、附近にて第一番

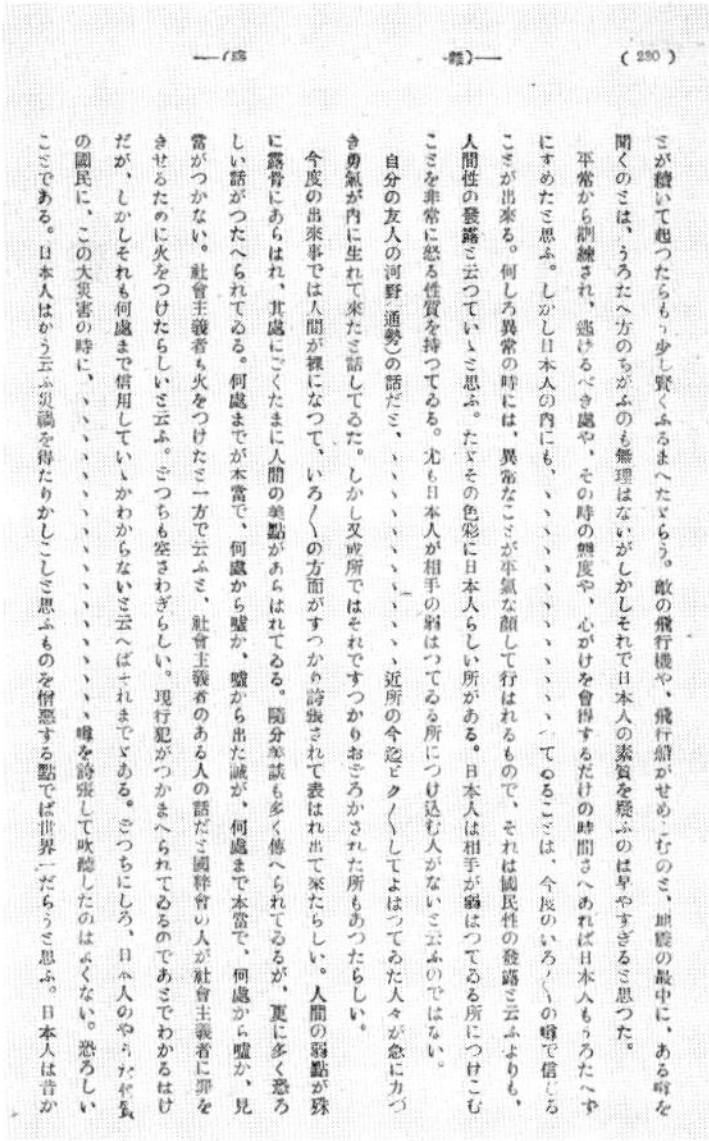

（230）

とが續いて起つたらもう少し賢くふるまへたゞらう。敵の飛行機や、飛行船がせめこむのと、地震の最中に、ある噂を聞くのとは、うろたへ方のちがふのも無理はないがしかしそれで日本人の素質を疑ふのは早やすぎると思つた。

平常から訓練され、逃げるべき處や、その時の態度や、心がけを會得するだけの時間さへあれば日本人もうろたへずにすめたと思ふ。しかし日本人の内にも、、、、、、、、、、、、、、、、てゐることは、今度のいろ／＼の噂で信じることが出來る。何しろ異常の時には、異常なことが平氣な顔して行はれるもので、それは國民性の發露と云ふよりも、人間性の發露と云つていゝと思ふ。たゞその色彩に日本人らしい所がある。日本人は相手が弱はつてゐる所につけこむことを非常に怒る性質を持つてゐる。尤も日本人が相手の弱はつてゐる所につけ込む人がないと云ふのではない。

自分の友人の河野（通勢）の話だと、、、、、、、、、、、、、、、近所の今迄ビク／＼してよはつてゐた人々が急に力づき勇氣が内に生れて來たと話してゐた。しかし又或所ではそれですつかりおごろかされた所もあつたらしい。

今度の出來事では人間が裸になつて、いろ／＼の方面がすつかり誇張されて表はれ出て來たらしい。人間の弱點が殊に露骨にあらはれ、其處にごくたまに人間の美點があらはれてゐる。隨分美談も多く傳へられてゐるが、更に多く恐ろしい話がつたへられてゐる。何處までが本當で、何處から嘘か、嘘から出た誠が、何處まで本當で、何處から嘘か、見當がつかない。社會主義者も火をつけたと一方で云ふと、社會主義者のある人の話だと國粹會の人が社會主義者に罪をきせるために火をつけたらしいと云ふ。どつちも空さわぎらしい。現行犯がつかまへられてゐるのであとでわかるはけだが、しかしそれも何處まで信用していゝかわからないと云へばそれまでゞある。どつちにしろ、日本人のやうな平氣の國民に、この大災害の時に、、、、、、、、、、、、、、、、噂を誇張して吹聽したのはよくない。恐ろしいことである。日本人はかう云ふ災禍を得たりかしこしと思ふものを憎惡する點では世界一だらうと思ふ。日本人は昔か

図１—12

なり。続いて人々出ず。と、見る間に、第二の激しき上下動到り。目前に立ちいたる母屋鶴見貝細工店の文化住宅、赤き瓦屋根を揺らつかせたるまま、海鼠壁ばらばらと剝ぎ落すと見る間に、街路に向って倒潰す。四囲の地鳴り、家々の轢みの中に、殊に倒落の音響を感ぜず。寧ろ活動写真のセットを崩し、乃至は小児の組木の家を倒したる位にしか感ぜず。（以下略）

『改造』の「大震災号」には、関東大震災の前後で言語使用に変化があったことが観察、報告されている。大きな災害が人々の「心性」に大きな影響を与えることは、東日本大震災で経験したことといってよいだろう。言語使用は使用者の「心性」によって変わる。そうした点でも、関東大震災後に、どのようなことがあったか、ということを冷静に観察することには現代的な意義があると思われる。

そしてまた、「検閲」や「検閲」前の出版社側の「自粛」があったこともわかる。「表現の自由」といういいかたは少し粗いようにも思われるが、そうした表現をひとまずは使うとして、「現代における表現の自由」ということについても、改めて考える必要があるだろう。本書においては、明治末から大正、昭和初期と現在との連続／不連続を話題にしているが、右のようにみた場合には、連続／不連続というみかたに加えて、冷静に検証してみるべき近過去というとらえかたもありそうだ。

本章では、総合雑誌として『キング』『改造』を読んでみた。等しく「総合雑誌」といっても、『キング』のように振仮名を使い、口絵・挿絵・グラフを多く載せ、ひろく「大衆」に向けて編集されている雑誌もあれば、『改造』のように振仮名も挿絵もほとんど使わない雑誌もあることがわかった。次章では、女性向けの雑誌を採りあげることにする。

第二章　女性のことば

本章では女性向けに編集されていると思われる雑誌を採りあげ、そうした雑誌がどのようなことばで構成されているかについて観察してみたい。また、女性の「書き手」がどのようなことばを使っているかも併せて観察してみたい。その両者をあわせて、「女性のことば」ととらえることにしたい。

明治十七（一八八四）年六月に、キリスト教的な人間観と儒教的な精神に基づき、日本女性の教育と啓発を目的として創刊された近藤賢三編集『女学新誌』（修正社）が女性向け雑誌の嚆矢《こうし》とされるが、『女学新誌』は一年四カ月で廃刊となり、明治十八年七月には『女学雑誌』（万春堂、第一一号から女学雑誌社）が発行される。第三〇号からは巌本《いわもと》善治が主宰者となる。巌本善治は新しい時代に生きる女性の啓蒙を雑誌編集の目的としていた。

明治三十七年二月号以降の発行が確認されていない。明治三十七年は日露戦争の始まった年であり、その頃をもって、終刊したと考えられている。

明治三十四年一月には、本格的な女性向け総合雑誌として『女学世界』（博文館）が創刊する。大正十四年六月の第二五巻第六号まで続く。大正期には田口掬汀が「疑惑」、内藤千代子が「毒蛇」を連載し、佐藤紅緑や中村星湖も作品を発表していた。

1　『青鞜』を読む

明治四十四年九月には、女流文芸雑誌『青鞜』が創刊される。大正五年二月発行の第六巻第二号まで、五十二冊を発刊する。創刊者は平塚らいてう明子であることはよく知られていると思われる。編集兼発行人は、四巻一二号までが中野初子、それ以降終刊までが伊藤野枝。伊藤野枝は大正五（一九一六）年の秋頃には、内縁の妻堀保子、愛人神近市子がいた大杉栄と同棲を始め、十一月には葉山の日蔭茶屋という旅館で神近市子が大杉栄を刺すいわゆる「日蔭茶屋事件」が起こる。こうしたことが『青鞜』の終刊に関わっていると考えられている。伊藤野枝は大正七（一九一八）年には大杉栄とともに雑誌『文明批評』

を、翌年には雑誌『労働運動』を創刊する。大杉栄を著者として刊行された『クロポトキン研究』（一九二〇年、アルス）の「クロポトキンの経済学」「クロポトキンの教育論」は伊藤野枝が担当しているので、共著といってもよい。大正十二年九月十六日、大杉栄とともに憲兵隊構内で扼殺される「甘粕事件」で横死する。

創刊号には「青鞜社概則」が掲げられているが、その第一条には「本社は女流文学の発達を計り、各自天賦の特性を発揮せしめ、他日女流の天才を生まむ事を目的とす」とある。

図２―１

「新しい女」と「古い女」

図２―１は大正二（一九一三）年一月一日に発行された『青鞜』「第三年第一号」の表紙である。表紙の絵は尾竹紅吉（尾竹一枝）が担当している。尾竹一枝は日本画家尾竹越堂の長女で、明治四十五年に青鞜社に入社しているが、「五色の酒」事件と呼ばれた、バーでの飲酒や吉原

遊郭の見学などが報道され、「新しい女」の一人として批判され、十月には青鞜社を退社する。大正三（一九一四）年には富本憲吉と結婚し、富本一枝の名で活動を行なうようになる。

この号には「新らしい女、其他婦人問題に就て」と題された「附録」が附されている。この「附録」をみてみよう。伊藤野枝は「新らしき女の道」という文章を載せている。

新らしい女は今迄の女の歩み古した足跡を何時までもさがして歩いては行かない。新らしい女には新らしい女の道がある。新らしい女は多くの人々の行止まった処より更に進んで新らしい道を先導者として行く。

新らしい道は古き道を辿る人々若しくは古き道を行き詰めた人々に未だ知られざる道である。又辿ろうとする先導者にも初めての道である。

新らしい道は何処から何処に到る道なのか分らない。従って未知に伴う危険と恐怖がある。

未だ知られざる道の先導者は自己の歩むべき道としてはびこる刺ある茨を切り払って進まねばならぬ。大いなる巌を切り崩して歩み深山に迷い入って彷徨わねばならぬ。毒虫に刺され、飢え渇し峠を越え断崖を攀じ谷を渡り草の根にすがらねばならない。斯くて絶叫祈禱あらゆる苦痛に苦き涙を絞らねばならぬ。（以下略）

タイトルでは「新らしき女」、「本文」中では「新らしい女」と表現されており、文語形（＝非音便形）が何らかの荘重さをもたらすことが期待されているようにみえる。文章中では「新らしい女」「新らしい道」という表現が繰り返され、後者は「古き道」と対になって表現されている。ここでも「古い道」ではなく「古き道」という表現が選ばれていることが興味深い。右の文章は何か具体的なことがらについて述べているというよりは、「新らしい女」をキーワードとする「プロパガンダ（propaganda）」のようにみえなくもない。

右の文章を書いた大正二年の伊藤野枝は十七歳だった。

「附録」には（なんと！）堀保「私は古い女です」というタイトルの文章も載せられている。「堀保」は大杉栄の内縁の妻であった堀保子。

私は古い女です。古い家庭と古い周囲との間に育って、古いしかも極く初歩までの教育を受けた、何にから何にまで古い女です、従って理窟と云う習慣もつけられていませんし、又むずかしい理窟などは聞いてもてんで分りもしません。（略）

なるほど私は社会主義の男と一緒に暮らしています。けれども私は、自分を社会主義者だとも思いませんし、又自分でそう云った覚えもありません。さっき申したように、社会主義だとか無政府主義だとか云うむずかしい理窟は、私にはてんで分らんのです。分るようにと、又分ろうと拏力するようにと、私は少しもしつけられていない女なのです。

それだのに、なぜあなた方は、私は社会主義婦人として取扱おうとなさるのでしょう。

あなた方ばかりじゃありまか《〔ママ〕》ん。世間の人達もみんなそうです。甚しいのになると、お上までがやっぱりそうで、何にかの際には（私の）男と同じように、私にまで尾行巡査とか云うものをつけて下さいます。（略）

それから先日のお手紙には、私の宛名が、『大杉御奥様』としてありました。これも古い女としての私が、他の古い女の方から申されるのなら、私も其のまま黙ってお受けいたします。

私はもとより古い女です。『大杉御奥様』と云われる方が、私の望みでもあり、又喜びでもあります。けれどもあなた方からそう申されると、あなた方御自身のために一寸文句と《〔ママ〕》云って見たくなります。

女が男と一緒になれば、女はさきに申した思想や感情と共に、其の姓も男に捧げて了わなければならぬのが、私共古い女の掟であります。私も実はそういたしたいのですけれど、何分男がそれを受けいれてくれません。そして私は、男の云うなりに、やはりもとの堀保子のままでいます。

姓と云うものが、これほどまでに大切にしなければならぬか何うかは、私存じません。又男もそれが大切なものだとは申していないようです。ただ男は自分等二人の間に、法律などと云う無粋なものの入ってくるのを、ひどく嫌っています。男と女との関係は、其の始まりや終りを、法律で認めて貰わなければならぬような、又許して貰わなければならぬような、そんな性質のものではないように、申しています。（略）

私とは違った意味で、又世間の多くの所謂内縁の夫婦とも違った意味で、御自分からこんな事を仰しゃり又はなさる女の方があれば、それもやはり新しい女のなさりそうな事の一つかと、私には思われます。

「古い女」の面目躍如といったところだろうか。

新しい女の解説

『青鞜』のこの号の末尾には、「高踏的月刊文芸雑誌」を謳う『ZAMBOA』（東雲堂書店）、『白樺』（洛陽堂）、『黒曜』（黒曜発行所）、『スバル』（昴発行所）、『アララギ』（東京根岸短歌会)、『モザイク』(モザイク社)、『心の花』(竹柏会出版部)など、さまざまな雑誌の広告が載せられている。その中に『女学世界』第一三巻第二号(博文館)の広告があるが、この号は「新しい女と古い女」を特集テーマとしている。広告には次のようにある。

新しい人、必ずしも新しい人に非ず、古い人必ずしも古い人に非ず。今の古い人も曾て新しかりし時代のありし如くに、今の新しい人も亦後の古い人となるべし。されば新しい人として古い人を罵り、古い人となって眉を新しい人に顰む、いずれも一時の幻相に等しきものに過ぎざれども、時代の思潮は常に此時々刻々に移り行く幻相によって彩られつつあるなり。幻相か幻相か新しい人果して甚麼の言をなし、古い人果して甚麼の言をなすか、両岐の流潮一峡に合して相闘う花々しき光景を観よ。

『青鞜』の「附録」において、長曽我部菊「新しい女の解説」には次のようにある。「長曽我部菊」は長曽我部菊子、後に生田春月と同棲する生田花世(一八八八〜一九七〇)のこと。＊の位置にはおそらく「受けの鉤括弧」が入る。

(前略)まず或る年のある日の一刻に、私と云うものが、母の体から分離した、その時にもう私は女性であった。此の「女＊と云う名称を与えられたと云う事は、是れは誇りでもなければ、恥でもなかった。まして優でもなければ劣でもなかった。「女」と云う性を亨けたと云う事柄は、男子が男性としての自由があり光明があるならば、同じ量の自由と光明とがある筈であった、然るに女性である私の生活が漸次に進行してゆく中に、数え切れぬ相違が私の境運に加わって来た、私の前に展開した社会と云うものは、旧い習慣に充ちた、不完全な――しかも強い勢力を持って居るものであった、殊に女性に対しては不公平であり不行届であり、同時に「自己」と云う考を持たさせまいとするものであった、然しながら、是れは、私の生れた時代、私の生れた周囲の生活状態が根底となって、習慣的にこうなっていたので、決して男性の罪でも、又女子自らの卑屈でもなかったのである。（以下略）

「然しながら」以下の文章で、「女子自らの卑屈でもなかった」はそのとおりであろう。二〇二〇年の「状況」を考え併せた時に、右の言説がほとんどそのままあてはまるということはないだろうか。もしもそうであった場合、それは「男性の罪」ではない、と現時点でもいうことができるのかどうか。いろいろなことを考えさせられる。

「新しい女」の言説は、必ずしも新しい日本語を用いたものではないこと、現代の日本語と自然につながりそうなのはむしろ「古い女」を自称する文章であることは興味深い。

2 プラトン社『女性』を読む

大正十一（一九二二）年五月にはクラブ化粧品本舗中山太陽堂が始めたプラトン社から婦人雑誌・文芸雑誌『女性』が創刊され、昭和三年五月まで続く。表紙絵は山六郎が描き、カットには山名文夫《あやお》も加わった。小山内薫が会社の運営、『女性』の編集にかかわっていた。山六郎（一八九七〜一九八二）は高知県安芸市に生まれた装幀家、山名文夫（一八九七〜一九八〇）は広島県広島市に生まれ、少年の頃から竹久夢二、ビアズリーの模写などをしていた。大阪で赤松麟作が主宰する「赤松麟作洋画研究所」の第二期生になり、大正十二年にプラトン社に入社した。昭和三年にはプラトン社を退社し、翌昭和四年に資生堂の意匠部に入る。紀ノ国屋のロゴや新潮文庫の葡萄マークのデザインは山名文夫が手がけた。

婦人雑誌・文芸雑誌

見出しで「婦人雑誌・文芸雑誌」と表現したことには理由がある。この頃、『婦女界』

や『主婦之友』は日常生活を主なテーマとしており、その一方で婦人の地位向上などをテーマとした『婦人公論』もあり、これが大きな「流れ」であった。『女性』は後者を志向しているようにみえるが、雑誌としての主張が一貫しておらず、小説作品などにもかなりの誌面をあてることがあった。次第に文芸雑誌の要素が強くなっていき、細田民樹『逆生』が大正十一年十一月号から大正十三年九月号まで連載された。大正十二年三月からは永井荷風が継続的に随筆を載せ始め、荷風の『耳無草』は大正十二年三月から大正十三年七月まで連載された。北原白秋の童謡や民謡も数多く載せられた。与謝野晶子、茅野雅子、九条武子、原阿佐緒らの詩歌も載せられ、神近市子、三宅やす子、高村智恵子、山川菊栄らの寄稿原稿も載せられることがあった。

関東大震災によって、関東地方の出版社が被害を受けたのに対して、プラトン社の本社は大阪にあったために、震災の被害をほとんど受けることがなかった。関東地方の出版社が発行していた雑誌が多大な影響を受けたなか、発行を継続できたことによって、同じプラトン社から発行されていた『苦楽《くらく》』とともに震災後の文壇をリードするようになった。『苦楽』については後に改めて採りあげることにする。

さて、『女性』大正十二年十月号から大正十四年の十二月号まで、森田草平『輪廻』が、大正十三年十一月号から大正十四年七月号までは谷崎潤一郎の『痴人の愛』の後半部分が連載された。また、山本有三『海彦山彦』（大正十二年八月号）、岸田国士『葉桜』（大正十五年四月号）などの創作戯曲も『女性』誌上に発表されている。

図2—2右は大正十一（一九二二）年十二月に発行された第二巻第六号の表紙、図左は扉であるが、扉の右上には「L'HIVER」（冬）とフランス語で記され、右下には「Rokuro」（六郎）とサインが入っている。ビアズリー風に描かれている。

この号では「口絵」に続いて、「創作」として、細田源吉「三人」（小説）、長田秀雄「遺書」（小説）、クスミン作・小山内薫訳「不貞」（小説）、細田民樹「滅びゆく幸福」（長篇小説「逆生」の二）、泉鏡花「竜胆と撫子」（長篇小説）が載せられ、それらに続いて、北原白秋作・草川信曲の民謡「鉦」が楽譜付きで載せられている。

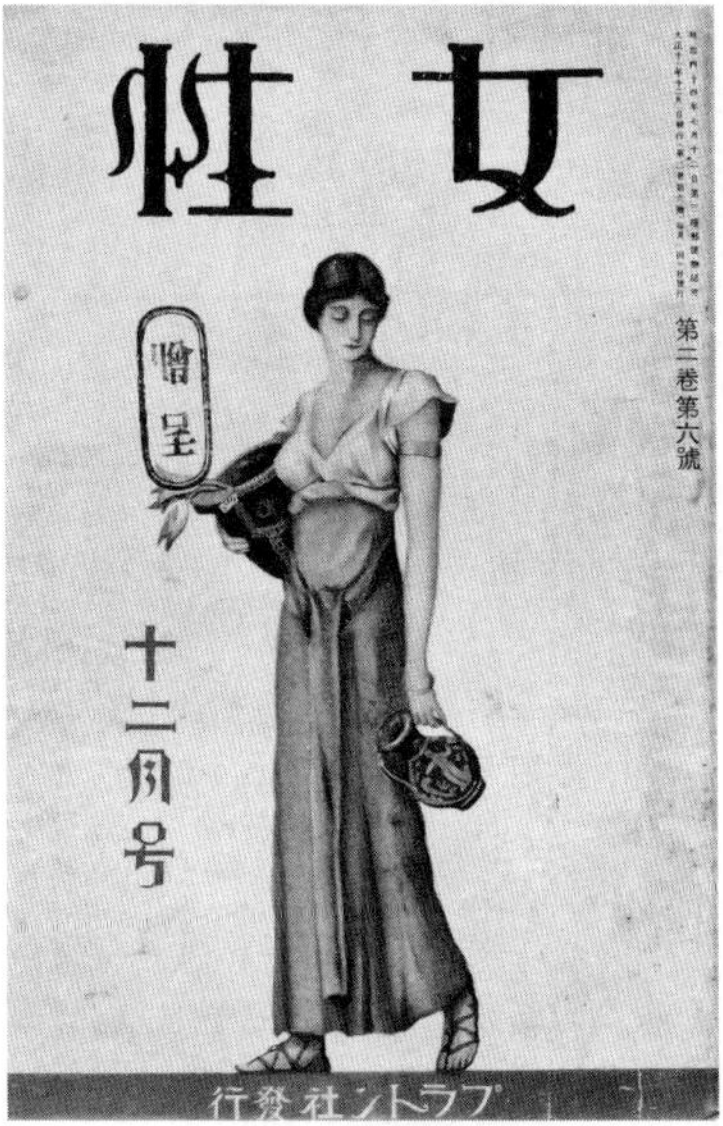

図2—2　表紙

草川信（一八九三〜一九四八）は長野県埴科郡松代町（現在の

図2—2　扉

長野市松代町）出身の作曲家で、東京音楽学校卒業後は演奏家としても活動する一方で、雑誌『赤い鳥』に参加し、童謡の作曲を手がけた。北原白秋作詞「ゆりかごの唄」、中村雨紅作詞「夕焼小焼」、富原薫作詞「兵隊さんの汽車」、清水かつら作詞「緑のそよ風」、百田宗治作詞「どこかで春が」などはよく知られているのではないだろうか。「兵隊さんの汽車」は歌詞を書き換えて「汽車ポッポ」として知られている。

この号には長谷川如是閑「女性の社会的地位と女性の運動」、片山孤村「父子の争闘」、内田魯庵「無産者の問答」などの論説的な文章も載せられているが、それぞれがそれぞれの主張を述べているというかたちで、雑誌としての一貫性は欠いているともいえようか。

読んでいて印象深いのは、やはり誌面の美しさであろう。図2—3は茅野雅子の詩「ふ

図2—3

たつの心」であるが、一ページに収まる詩の下部には、竹下夢二風の女性がビアズリー風のタッチで描かれていて、ページを単位としてきれいな仕上がりをみせる。きわめて手間をかけた誌面構成といえる。このページの前の一七〇ページと一七一ページの「見開き」には与謝野晶子の「近作十首」が載せられており、そこではそれぞれのページの上部に同じものではあるが、山六郎の挿絵が入れられている。

あるいは一七六ページから四ページ続いて大藤治郎の「降誕祭の夜を——北独逸のある町の記念」という詩作品が載せられているが、この四ページも上部に山六郎の「降誕祭の夜」を思わせる挿絵が入れられている。

この号には「ことし読んだもの、観たもの、聴いたものから」というタイトルの欄が設けられている。欄の冒頭には、「本誌は、わが文壇の諸名家、並びに名流婦人に向って、今年お読みになった文芸上の作品、御覧になった美術並びに演劇舞踊、お聴きになった音楽などに就いて、最も感銘の深かったものを御指摘下さるようお願いしたところ、幸いにして列挙いたしましたように、皆さまが御返辞を下さいました。わたくし共はこれによって、今年の文芸界の趨勢を見通すことが出来るばかりでなく、また将来に向っての傾向をも推測出来ることと信じます。御回答下された皆さまに厚く御礼を申上げる次第でございます。（編輯者）」とある。

正宗白鳥は「文壇は決して不振でない」というタイトルで、「志賀直哉氏の「暗夜行路」はとに角今年の文学中での注目すべきものです」と述べ、その他、野上弥生子「海神丸」、芥川竜之介「報恩記」の名前を挙げている。

高村智恵子は「高村智恵」名で「自分にとって重大な恨事は、フランス美術展覧会のロダンの多数の作品を見る事の出来なかった一事でございます」と述べ、小川未明は「中西伊之助君の『緒土に芽ぐむもの』を特記したいと思います」と述べている。中西伊之助（一八八七〜一九五八）は労働運動家で、新聞記者をしている時に投獄された体験をもとにした小説『緒土に芽ぐむもの』を改造社から出版し、プロレタリア作家としても活動した。

「一幕見式に撰取りを」というタイトルで飯塚くにの回答が載せられている。飯塚くに

（一九〇〇〜九四）は日本舞踊家で、坪内逍遥の養女であるので、「名流婦人」にあたるのであろう。他には「外来の音楽家に感謝したい」というタイトルで中條百合子（宮本百合子）、武者小路実篤の妻武者小路房子が「翻訳小説「赤と黒」と活動写真」というタイトルで回答を寄せている。

『女性』の広告を読む

先に述べたように、プラトン社はクラブ化粧品本舗中山太陽堂が始めた会社であるので、表紙見返しにはまず「クラブ白粉」の広告が載せられている。

図2―4で分かるように、上部には「化粧順序」が図示されている。「クラブ洗粉」「クラブゼリー」「クラブ頬紅」「クラブ粉白粉」など、「クラブ」が冠されているものは、クラブ化粧品から発売されている商品であろう。「最新科学が生出《うみだ》した優良第一の新式白粉」という、今風にいえば「キャッチコピー」もおもしろい。「最新科学」には「モダーン、サイエンス」という振仮名が施されている。

巻末には「クラブ煉歯磨」の広告が載せられているが、上部には同じように「髭剃りの順序」が図示されている。そこでは「カテイ石鹼」「安全剃刀」「クラブ洗粉」「乾きタオル」「クラブゼリー」「クラブタルカン」と進み、最後に「眉目清秀」に至るようになっている。女性の「美人」に対応する男性は「眉目清秀」だったのであろう。「クラブタルカン」の「タルカン」は「タルカムパウダー」のことであろう。『日本国語大辞典』は「タルカムパウダー」を見出しにしている。

タルカムパウダー［名］（〈英〉talcum powder）《タルカンパウダー》滑石粉に硼酸（ほうさん）、香料などを加えた粉末。夏季の湯上がりや汗どめ、ひげそりあとなどに用いる。

広告からもいろいろな語を拾い上げることができる。

ここで先にふれた『苦楽』についてみてみることにしよう。

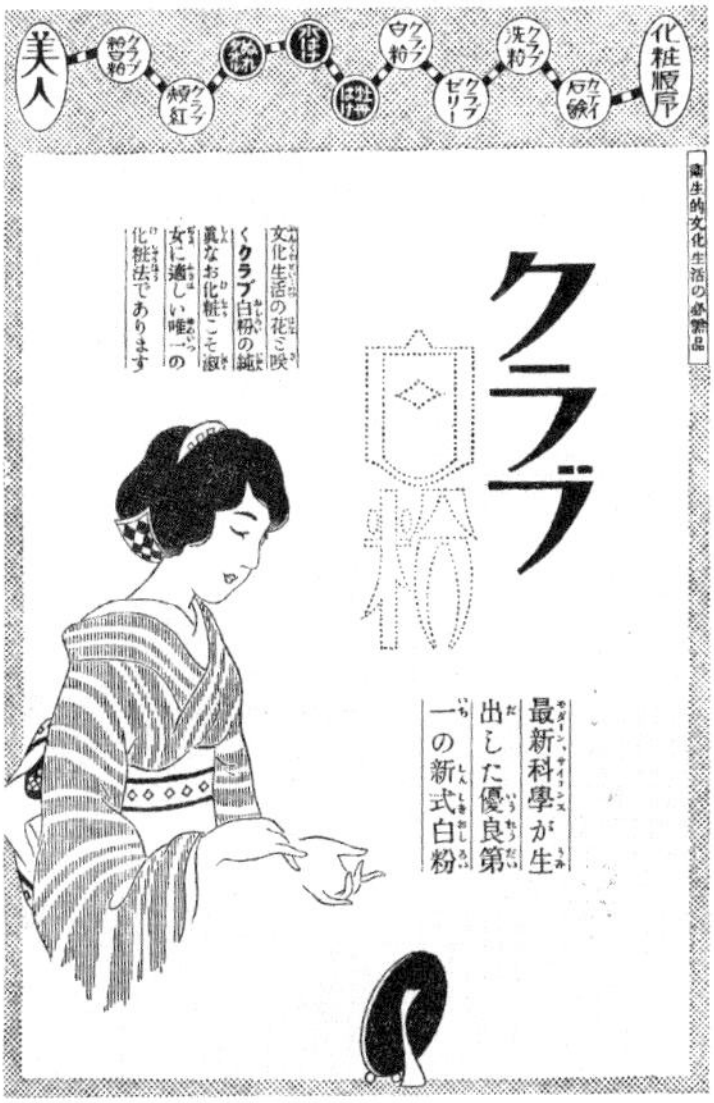

図2—4

『苦楽』を読む

図2—5は大正十三（一九二四）年一月に発売された創刊号の表紙

図2—5

である。表紙上部に「娯楽雑誌」とはっきりと記されている。川口松太郎と植村宗一（直木三十五）が編集にかかわっていたことがわかっている。

「発刊御挨拶」には次のようにある。『女性』も『苦楽』も漢字には振仮名が施されているが、ここではほとんどの振仮名を省いた。

講談はもう行詰った。第一卑俗にすぎる。と云って文壇小説では肩が凝るわりに面白く無いそういう方に「苦楽」をお奨《すす》めしたい。

在来の通俗小説もあまりに愚劣である。もう少し文学的で、しかも興味の多い、面白くって何か感じる物があって欲しい、というような方へ「苦楽」を御奨めします。

高踏にも過ぎず、と云って卑俗にも堕ちず。趣味が豊かで興味多く、そして家庭の中でも、電車の中でも読める娯楽雑誌が出たら、という要求を充すのが「苦楽」の持つ責任です。

「女性」で婦人雑誌の低級さを醒まさせたプラトン社は、右の如き要求に従って此の新興娯楽雑誌「苦楽」を刊行致します

右の表紙は『女性』と近いけれども、雑誌全体の挿絵はそうではない。右の「御挨拶」中の「家庭の中でも、電車の中でも読める娯楽雑誌」は「言い得て妙」とみるべきであろう。家庭でも電車の中でも読める、ということは、そういうところでは「読めない」雑誌

があることを示唆しているであろう。「そういうところでは読めない」要素がない、ということの宣言でもあろう。

『苦楽』には泉鏡花「眉かくしの霊」（一巻五号）、宇野浩二「浮世の窓」（三巻三号）、田山花袋「浴室」（二巻四号）、室生犀星「三階の家」（五巻一二号）、豊島与志雄「アイヌの娘」（六巻二号）、佐藤春夫「上々吉」（五巻九号）なども載せられており、中間的な路線の雑誌とみることができる。大正十三年頃には、雑誌の購買者層がいちだんと複雑になってきていることを思わせる。創刊号には里見弴「今年竹」が「長篇花柳小説」として載せられている。その一方で、「花形役者の書いた小説と童話」という欄を設け、市川男女蔵「暴漢」（小品）、花柳章太郎「本牧の女」（海浜夜話）、市川小太夫「次郎助地蔵」（童話）、尾上栄三郎「雨傘」（短篇小説）、中村扇雀「ある女の話」（小説）を載せている。職業的な作家以外が書いた小説は、現代でも「評判」になりやすい。それによって、雑誌の販売を促進するという「手法」はすでに大正時代にあったことがわかる。

川路柳虹（一八八八～一九五九）の「廃都小曲」という作品をあげておこう。

廃都

これが都か、すぎし日の
よき人ならびゆきかいし
これが大路か、踏む土の
足に刺たつ、並木街。

金の銀杏も、篠懸《プラタン》も
焼けてあとなくなりにけり
飾窓すく灯のかげも
よき美女《たおやめ》もあらずけり。

ゆき交うものは荷車の
焼石はこぶ男《お》の子のみ
銀座は夢のあともなく
ただ石くれとなりにけり。

「篠懸」には「プラタナス」ではなく「プラタン」という振仮名が施されている。

『女性改造』を読む

図2―6

大正十三年一月の時点では、まだ前年九月の関東大震災の「衝撃」からたちなおっていないように思われる。「娯楽雑誌」もそうしたことを考え併せて「評価」する必要があろう。図2―6は大阪朝日新聞社編纂『関東大震災記』に載せられている「焼跡の交通整理された銀座新橋方面＝京橋第一相互ビルディング露台より撮影」というキャプションの附された写真。「露台」は〈屋根のない楼台・バルコニー〉のこと。

プラトン社から『女性』が創刊された大正十一年の十月には『女性改造』が創刊される。

図2—7は創刊号の表紙であるが、上部に「VIRINA REKONSTRUO」と記されている。『日本近代文学大事典』第五巻「新聞・雑誌」（一九七七年、講談社）も見出し「女性改造」の説明文中で、このことについては何も述べていない。扉ページの上部にもこの「VIRINA REKONSTRUO」が印刷され、その下には「OKTOBRO 1922」とある。「OKTOBRO」はエスペラントで〈十月〉という語義の語であるので、「VIRINA REKONSTRUO」は〈女性改造〉に対応するエスペラントである可能性があろう。なぜエスペラントという想像をするかといえば、この創刊号には広田洋二の「エスペラント講座」が載せられているからだ。扉ページには「創造したる新生命」というタイトルで次のような文章が載せられている。

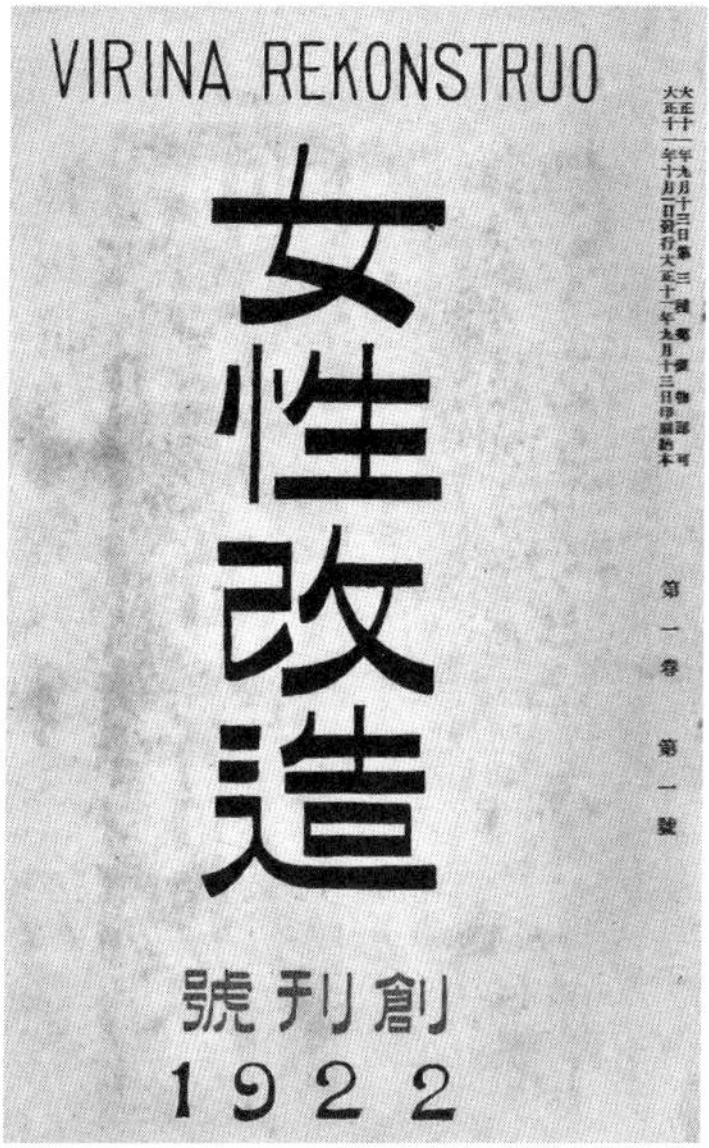

図2—7

あなたがたが社会に新しく生る上に新しい巨星が発見されました。不当なる忍従を強いられ、奴隷として待遇されつつある幾百万姉妹解放のために率直で、正義そのものである言論機関が生れました。

本誌の信条は規矩に囚《とらわ》れません、因襲を打破するために新しく強く光る星です。

社会の風潮に盲従し、押流されつつ大事な自己を没却しておる没自我の大潮流に、全く自分は自分で生き、自分で判断し、自分で深みある生活に生き得るために本誌は生れました。

反省ある自分、権威ある社会、それはあなたがたが各自に独立して生き得ることによりて得られる権威です、自分の存在が経済的に、精神的に独立することによりて得られる最後の果実です。

自由――解放――新生――独立――こんな体裁のよい言葉であなたがたを永らく引きずってきた社会は軽薄な社会しか生み出しませんでした。

私たちはその頭字へ、反省、深刻、戦闘の威重ある三句を附加します。私たちの門出はそれほど確信に充ちたものであり、この確信が私たちの曠野へ乗出す唯一の光りです。
　あなたがたの横取りされておるものは何か、正当にあなた方が回復すべき権利は何か？

　右が「プロパガンダ」でいわば「よそいき」のことばで語られているとすれば、編集後記にあたるともいえる「校正室にて」はわかりやすいことばで語られているといってよい。

○日本婦人はお雛様の如く床のおきものであった、纏足同様であった、しかし私どもは今日から皆さんを世界人として見ます、男一人と女一人、そこにどこに変りがありましょう。

（略）

○私なぞは、世界を縮図せねばならぬ、米国や独逸を外国だ、万里の異域だなぞと仲麿式にセンチメンタリストになりたくない、一寸旅して参りますす位で紐育や倫敦に行きたい、今のままでは百年立っても思想上の継児であり、国際上の孤立児である、攘夷の思想は私どもには不必要でありましょう、それは祖父や祖母のものではありませんか。

（略）

○何にせよ、本誌は世界的の婦人雑誌としてどこの国の雑誌に比較しても恥かしくないものとしたい、総てのレベルをそこにおきたい。

（略）

○我国の女子文化の最高を代表する本誌が、期年ならずして世界の最高標として内外より凝視さるることとなるように努力する。

「仲麿」は阿倍仲麻呂であろう。大正十一年は西暦一九二二年にあたる。「百年立っても思想上の継児であり、国際上の孤立児である」と述べられているが、百年後の現在はどうであろうか。『女性改造』がめざした「地点」をひとことでまとめることは難しいが、その「地点」に現在は到達しているのだろうか。

扉ページの「創造したる新生命」に続いては、ロマン・ローランの「日本の若き人々に―欧羅巴の一人の兄弟の使信―一千九百二十一年八月巴里に於て」と題された文章が載せられている。文章は「日本の兄弟たちよ、あなた方の欧羅巴の友が、あなた方に手を差し伸べて、而していう。「お互に助け合おう！　お互に愛し合おう！」」と終わっている。

それに続いて「女性改造の道」というテーマで、末弘厳太郎「婚姻に関する法律と女子職業問題」、島村民蔵「人間芸術家としての女性」、平塚らいてう「女として生活する上に於て我が現行法に対し感じたこと」、穂積重遠「法律劇「離婚法案」」、ストーナー夫人「第六感の芽ぐみと母性」などが載せられている。その他「貞操の科学的研究」「ダインス芸術の研究」というテーマが設定され、それぞれ五～六名の文章が載せられている。それに続いて、北原白秋の童謡「さいかち虫」が楽譜付きで載せられている。

「創作」欄には菊池寛「溺愛の沼」（長編小説）、佐藤春夫・加藤まさを挿画「花と風」（童話）、中里介山「黒谷夜話」（長編小説）、武者小路実篤「父と娘」（長編戯曲）が載せられている。

『女性改造』には書物の広告が多く、日常生活で使う品物の広告はほとんど載せられていない。しかし「西川商店」の「西川の蒲団」の広告が載せられていた。広告には「日本橋好み／モスリン友禅」とある。

3　『新女性』という雑誌

図2―8は『新女性』第三巻第一号（大正十二：一九二三年一月一日発行）の表紙である。

図2—8

この雑誌は『日本近代文学大事典』第五巻「新聞・雑誌」に採りあげられていない。大正期にはそのような雑誌が発行されていたことがわかる。

発行所は東京市麹町区有楽町三丁目五番地にある「新女性社」で、大阪市北区芝田町一八二には大阪支社があることが奥付によってわかる。

表紙裏には「純国産葡萄酒／トミ　赤と白　ポートワイン」の広告、その次のページには「ヒゲタ醤油」の広告があり、目次があって、その裏ページには「千葉県野田市　山下平兵衛醸造」のお醤油の広告、次には「高島屋呉服店」、「改良された福神漬」を謳う常盤商会の「東京漬」の広告、キッコーマン醤油、「国分の真正ゴマ油」の広告と続き、グラビアページをはさんで、三越呉服店、ピーナッツオイル、「清酒　君万歳」「東京パン粉」の広告が続く。日用品の広告が多く、そのことからすれば、主婦を中心とした女性を読者として想定していることがうかがわれる。

そうしたことからすれば、『新女性』は、『青鞜』はいうまでもなく、『女性改造』とも別の読者を「読み手」として想定した雑誌といってよいだろう。そのような雑誌がどのようなことばによってかたちづくられているか、具体的にみていこう。

今年の勅題髪

『新女性』のこの号の目次をみると、「交情蜜なる夫婦に何故子供は少ないか」「結婚後多年を経て愛児を設けた実話」『主婦之友』所載工藤医学博士の『男女の子を自由に得る方法を駁す』」「顔の調和を破った現代美人と現代人の好み」といった記事が載せられていることがわかる。あるいは「お化粧は襟元と半襟の調和が大事」「濃厚にするお正月のお化粧法」「勅題に因んだ髪の結い方」「流行スエーターの編み方」など、化粧法や編み物の記事にページがさかれている。また「創作」として宇野浩二「愉快な隣人」、邦枝完二「情痕記」、長広稲孫「慈悲と愛の心」、田中早苗「河畔の悲劇」が載せられている。

「勅題に因んだ髪の結い方」は女性誌らしいといえよう。記事には次のようにある。

変った今年の勅題髪

どなたも御承知の通り今年の勅題は、『暁の山雲』と申すもので、今しも初日が東の山の頂《うえ》に昇り、山腹の雲を紫に色彩った処と想像いたします。

皆さんがお正月には、その年の勅題に倣ってお髪《くし》をあげるとか、帯を結ぶとか、またはバックを拵《こし》らえるとか、いろいろと勅題に因んだものを、身に付けるようになさいましょう。

今迄いろいろな勅題髪が、結ばれましたが、それはただ髷だけで勅題の意味を取ったのでございますが、今年は少し風変りに、髪、全体を以て勅題の意味を取って見たいと思います。

結び上げた髪は、写真（口絵参照）に掲げましたが、その意味は、後の方の高い処が、山になりまして、真中の半円形が太陽で、今、初日が昇ろうとしておるのです、その側《かわ》の輪の寄ったのが雲でございます、晴れ渡った朝には雲が輪になって、丁度白い綿を暈《ぼか》したように、東の空に色々な型《かたち》をしておる時がございます。やはりこの髪も太陽と山の間に、輪をなした雲が出ている処をかたどったものでございます。

明治以降であれば、「勅題」は、歌御会始《うたごかいはじめ》の題のことをいう。その勅題にちなんだ髪型が「勅題髪」であろうが、この「チョクダイガミ（勅題髪）」という語は『日本国語大辞典』も見出しにしていない。やはり、明治期、大正期に使われていた語はまだ十分に記録されていないようにみえる。

「本年の女性の運勢と相性」という記事では「拾八歳より二拾六歳まで」の運勢が述べられている。例えば「拾八歳　丙午四緑木星」であれば、「この年の人は、表つき柔和なるも、我意が強い、成長したる木星なれば、諸事調いたる象《かたち》となり、理発にしてよく人気《じんき》に応ずるの才智があります。なれどもその長じたる木の四枝を伸ばす如く、物になれ易《やす》ければ、妄《みだ》りに移り気《け》を出さぬようにすれば、幸を招きます（以下略）」とあって、現在の運勢占いとさほど変わらないような記事になっている。

飲料食品今日の相場

右の記事に続いて「飲料食品今日の相場」という記事が載せられている。「十一月廿五日現在」とあって、いろいろな「飲料食品」の価格が記されている。例えば「茶の部」をみると、「玉露」「濃茶」「薄茶」「煎茶」「番茶」「茎茶」「粉茶」とある。それに続いて「紅茶」「ミカド紅茶」「烏龍茶」「コーヒーHヱンドI」「ココア　ブンテー印」「グリーン茶」「ブラジル産マテテー」「レモン茶」「紅茶精」「番茶精」「昆布茶」「麦茶」「浜茶」「ほうじ茶」とある。

「烏龍茶」は大正期にすでにあったのか、と思ったが、大正十一（一九二二）年十二月六日の『大阪朝日新聞』に次のような記事が載せられている。

台湾総督府は近年あらゆる機会を利用し『台湾』と云うものを内地に紹介することに努めているがそれにもまして台湾を民衆的に内地人に紹介し宣伝する役を勤めているのは東京銀座に店を営んでいる台湾喫茶店である同店は銀座の尾張町二丁目にあって経営者は中沢安五郎氏……などなど巡査の戸口調査のような堅苦しい事を云わなくても今ではウーロンチーとして銀座の一名物となって居る所謂『銀ブラ連中』の中でも通なものは春の夜、秋の黄昏に歩道のアスファルトに印された並木の影を踏んでブラついた揚句疲れもせぬ足を疲れたが如く装って此ウーロンチーに立寄り一杯の烏龍茶の匂いとそれを運ぶ外見美しいウェートレスから流れ出る甘い視線との混融した快感に無上の愉快を享受しているのである、さればこの南国の土の香かぐわしい紅茶をひさぎ配するに妙齢の美人を以てするウーロンチーの繁栄は日に増し月に加えつつあって毎夜夕まぐれより十時十一時にかけては十人近いウェートレスが腰を卸す暇もない位の忙しさ賑しさを呈すると云った有様で附近にライオン、パウリスタなど堂々たるカフェーがありながら押しも押されもせぬ喫茶店として烏龍茶の普及宣伝に努めて

いる（以下略）

右の記事には句点が使われていない。句読点を使う現代日本語に慣れている目からすれば、「これで読めるのだろうか」と思ってしまう。しかし、現在と同じように、句点、読点を使うようになるのは、案外と遅い。江戸時代や室町時代は、と述べると、そんな「昔」はそりゃ現代とは違うでしょ、ということになりそうだが、そもそも句読点を使っていなかった。つまり句読点はなくても「読み手」が著しく不便ともいえない、ということだ。

「浜茶」はカワラケツメイのお茶のこと。

「醤油の部」では「ヒゲタ」「ヤマサ」「キッコウマン」「キノエネ」「キッコウ富」「ヤマ十」「キハク」「上十」などの名前があげられている。「キノエネ」は天保元（一八三〇）年に創業した千葉県野田市にあるメーカー、「キッコウ富」は明治十一年に創業した愛知県半田市にあるメーカー、「ヤマ十」は寛永七（一六三〇）年に銚子で創業した醤醢のメーカー、「キハク」（柏屋七郎右衛門）、「上十（ジョウジュウ）」（高梨兵左衛門）も江戸時代からある醤油メーカーである。

「チョクダイガミ（勅題髪）」という語もそうであるが、右のような「醤油の名前」も、大正十二（一九二三）年に「たしかに存在した日本語」である。ヒゲタ醤油やキッコーマン醬油は今も身近にあり、そのことは醬油という「品物」が脈々と続いていることを思わせるが、それは同時に、（この場合は固有名詞＝会社名であるが）その時から現代まで連続している日本語があることをも示しているといってよい。

新女性の新生活のことば

「飲料食品今日の相場」に続いて「栄養文化　家庭買物の手引き　新女性代理部」という広告ページがある。

蓋付玉子焼器
料理用肉ひき器
ナイフとホーク
灘の銘酒類
インキ鉛筆　両用万年筆
着物のよごれぬ台所用　割烹着
料理用蒸焼器
肉汁しぼり器

シチウ鍋
特製料理用テンピ
銅製燗付銅壺
神経衰弱の特効薬　カルビタミン錠
流行スエターの特殊販売

現在は「フォーク」「シチュー」「セーター」が標準的な書き方であろうが、それぞれ「ホーク」「シチウ」「スエター」と書かれている。これはある外来語をどのように書くかという「書き方」にかかわることがらであるが、こうしたことも必ずしも正確に把握されているとはいえない。『日本国語大辞典』の見出し「シチュー」と「セーター」とをみてみよう。

シチュー〔名〕（〔英〕stew）《シチュ・シテュー・スチュー》西洋料理の一つ。肉と野菜をスープで長時間煮込んだもの。＊万国新聞紙‐五集・慶応三年〔1867〕六月中旬「牛肉の全体を図に顕はし〈略〉何れの部をロースト・ボアイル・ステイウに用ゆべきやを詳かに説き明かせり」＊改正増補和英語林集成〔1886〕「ウシノ shichū（シチュウ）」＊くれの廿八日〔1898〕〈内田魯庵〉六「七面鳥のスチュウ」＊吾輩は猫である〔1905〜06〕〈夏目漱石〉二「見て来た様になめくじのソップの御話や蛙のシチュの形容をなさるものですから」＊茗荷畠〔1907〕〈真山青果〉一「今来たシチウをせっせと強い胃袋へ詰め込んで居た」＊桑の実〔1913〕〈鈴木三重吉〉二六「馬鈴薯と豚肉とで、シチュー見たいなものを拵へかけてゐる」＊新らしい言葉の字引〔1918〕〈服部嘉香・植原路郎〉「シテュー Stew（英）」＊黄色い日日〔1949〕〈梅崎春生〉「夕食にシチュウが出た」

見出しは「シチュー」で、二重山括弧内に「シチュ」「シテュー」「スチュー」三種類の書き方が示されている。あげられている使用例をみると、さらに「スティウ」「シチュウ」「スチュウ」「シチウ」「シチュウ」五種類があることがわかる。この語の場合、「stew」（[stjúː]）は子音が連続するので、語頭を日本語において「シ」ととらえるか「ス」ととらえるかというところから「揺れ」が生じる。さらに拗長音（「チュー」）をどのように仮名で書くかというところに、「揺れ」が生じるので、語全体としてさまざまな「仮名書き語形」が生まれることになる。

セーター〔名〕（〈英〉sweater）《スウェーター・スエーター・スウェター》編み物の上着の総称。頭からかぶって着るプルオーバーと前開きのカーディガンとがある。元来はスポーツ選手が汗を吸収させるために着たのが起こりであるが、最近では日常着として広く用いられる。《季・冬》＊外来語辞典〔1914〕〈勝屋英造〉「スエッター Swetter（英）毛糸製の『襯衣』」＊一本の花〔1927〕〈宮本百合子〉七「朝子は〈略〉小さいスウェターの一段を編み終った」＊落葉日記〔1936〜37〕〈岸田国士〉八・三「彼女は薄萠黄の毛糸のスウェータアに純白のスカート」＊生活の探求〔1937〜38〕〈島木健作〉二「シャツの上に毛のセーターを着込んでいった彼が」＊松籟〔1940〕〈富安風生〉「スエータのボタン大きくおとなしき子」

見出しは「セーター」で、二重山括弧内に「スウェーター」「スエーター」「スウェター」と三種類の書き方が示されている。あげられている使用例をみると、さらに「スエッター」「スウェータア」「スエータ」三種類があり、さまざまな書き方がなされていることがわかるが、「スエター」は含まれていない。この語の場合も「sweater」（[swétər]）で子音から始まり、それが半母音[w]に続くので、仮名で書きにくい。ささいなことといえばささいなことといえようが、「日本語の歴史」という観点からはさまざまな書き方があったことを具体的な情報として蓄積しておきたい。

「特製料理用テンピ」の「テンピ」はといえば、『日本国語大辞典』は見出し「てんぴ」の語義を「(一)(二てんび」とも)「てんか(天火)(一)」に同じ」「(二)天から降って火事を起こすという火の玉」「(三)太陽光の熱エネルギー」「(四)上気したり、酒に酔ったりして赤くなった顔」「(五)中に入れた材料を上下四方の熱で蒸し焼きにするための用具。オーブン」と五つに分けて記している。この「五」にあたることは明らかであるが、『日本国語大辞典』が示している使用例は「*三匹の蟹〔1968〕〈大庭みな子〉「由梨はばたんと天火の蓋をあけた」」で、『新女性』の例がずいぶんと早い。

『日本国語大辞典』に限らず、辞書が使用例を示す場合に、それが文学作品における使用例であることが多い。使用例を積極的に示した辞書体資料は、『雅言集覧』まで遡る。『雅言集覧』は国学者で狂歌師でもあった石川雅望(一七五三〜一八三〇)が編集した辞書で、「い〜か」の六冊が文政九(一八二六)年に、「よ〜な」の三冊が嘉永二(一八四九)年に刊行されている。明治二十(一八八七)年には国学者で歌人の中島広足が増補したものが『増補雅言集覧』(三冊)として活字印刷され、出版されている。

『雅言集覧』は書名のとおり、雅語を見出しとしてその使用例を出典名とともに豊富に示している。江戸時代における「雅語」であるので、使用例は古典文学作品が示されることが多い。このことが実際にどの程度、『雅言集覧』以降に編集された辞書体資料に影響を与えているかを「測定」することは簡単ではないが、辞書の見出しがどちらかといえば「書きことば」寄りに展開したことはたしかなことであろう。「俚言」すなわち俗言を見出しとした『俚言集覧』という辞書も漢学者太田全斎（一七五九～一八二九）によって編まれているが、江戸期には出版されなかった。

「一九二〇年の日本語」は、まだ「日本語の歴史」にきちんと組み込まれていないともいえそうだ。それはまだ「歴史」になっていないということでもある。きちんと組み込むためには、まずは、「一九二〇年の日本語」はどのような日本語であったかをひろく観察、収集する必要がある。それからそれを分析し、考察することになる。明治末から大正、昭和初期に出版された雑誌などはまだ手に入るし、公共の図書館で複製などで読むこともできる。時にはそうしたものをじっくりと読んで、百年前の日本語に実際にふれることも楽しいのではないだろうか。

女性雑誌によって、女性に向けられたことばを読んできた。それらは必ずしも一様ではなく、総合雑誌『改造』のことばに近いものから、広告のことばそのものといえそうなものまで、バリエーションをもっていたことがわかった。そうであっても、それらは当該時期の女性の使うことばをなにほどか「反照」したものであるとみるのが自然であろう。それら全体が現代日本語に近いということは粗い物言いになるであろうが、生活の場面に即した記事で使われていることばは、その生活そのものの近さと同様に、つい先頃まで身近で使われていたことばとつながっているという印象をもたれた方も少なくないことだろう。

第三章　こどものことば

1　『赤い鳥』を読む

「純」な子供

大正七（一九一八）年七月に鈴木三重吉主宰の児童文芸雑誌『赤い鳥』が創刊する。途中休刊した時期もあるが、昭和十一年十月まで一九六冊が刊行されている。発刊の主旨は、創刊号から第三巻第四号ごろまでほとんど毎号の巻頭に掲げられた「「赤い鳥」の標榜語《モットー》」に述べられている。

「赤い鳥」の標榜語《モットー》（第一号）

○現在世間に流行している子供の読物の最も多くは、その俗悪な表紙が多面的に象徴している如く、種々の意味に於て、いかにも下劣極まるものである。こんなものが子供の真純を侵害しつつあるということは、単に思考するだけでも怖ろしい。

○西洋人と違って、われわれ日本人は、哀れにも殆《ほとんど》未だ嘗て、子供のために純麗な読み物を授ける、真の芸術家の存在を誇り得た例がない。

○「赤い鳥」は世俗的な下卑た子供の読みものを排除して、子供の純性を保全開発するために、現代第一流の芸術家の真摯なる努力を集め、兼て、若き子供のための創作家の出現を迎うる、一大区劃的運動の先駆である。

○「赤い鳥」は、只単に、話材の純清を誇らんとするのみならず、全誌面の表現そのものに於て、子供の文章の手本を授けんとする。

○今の子供の作文を見よ。少くとも子供の作文の選択さるる標準を見よ。子供も大人も、甚だしく、現今の下等なる新聞雑誌記事の表現に毒されている。「赤い鳥」誌上鈴木三重吉選出の「募集作文」は、すべての子供と、子供の教養を引受けている人々と、その他のすべての国民とに向って、真個の作文の活例を教える機関である。

○「赤い鳥」の運動に賛同せる作家は、泉鏡花、小山内薫、徳田秋声、高浜虚子、野上豊一郎、野上弥生子、小宮豊隆、有島生馬、芥川竜之介、北原白秋、島崎藤村、森林太郎、森田草平、鈴木三重吉其他十数名、現代名作家の全部を網羅している。

表紙、挿絵は主に清水良雄が担当し、その他に鈴木淳（一八九二〜一九五八）、深沢省三、前島ともらが挿絵を手がけている。鈴木淳は東京美術学校研究科で清水良雄の一級下であった。五号から挿絵を、六号では表紙・口絵・挿絵すべてを手がけている。深沢省三は熊や牛、ライオンなどの動物をユーモラスに描くことが巧みであった。昭和二年には、岡本帰一、武井武雄らと日本童画家協会を結成する。妻はやはり洋画家の深沢紅子。

右では「子供の真純」「子供のために純麗な読み物」「子供の純性を保全開発」という表現が使われている。「真純」「純性」は『日本国語大辞典』が見出しにしていない語である。「真純」は「純真」と字順が逆になっているが、ほぼ同じ語義であるとみてよいであろう。ここでは子供が「純」というキーワードでとらえられている。

「世俗的な下卑た子供の読みもの」？――『日本少年』

『赤い鳥』が成功を収め、大正八（一九一九）年四月には『おとぎの世界』（文光堂）、同じ大正八年十一月には斎藤佐次郎編集、島崎藤村・有島生馬監修『金の船』（キンノツノ社）などが創刊されるに至った。大正十一年一月には東京社（現在のハースト婦人画報社）から『コドモノクニ』が、大正十二年十二月には『コドモアサヒ』が創刊される。

「現在世間に流行している」「俗悪な表紙」をもつ「下劣極まる」「子供の読物」は具体的に述べられていないけれども、『赤い鳥』が創刊された大正七年の時点ですでに刊行されていた「子供の読物」としては、『少年倶楽部』（大正三年十一月〜、大日本雄弁会）、『武侠世界』（明治四十五年一月〜、興文社）、『飛行少年』（大正四年一月〜、日本飛行研究会）、『日本少年』（明治三十九年一月〜、実業之日本社）などがあった。

図３—１

図3—1は『日本少年』第九巻第一二号（大正三：一九一四年十月一日発行）の表紙、図3—2は『日本少年』第一〇巻第一一号（大正四：一九一五年九月五日発行）の

図３―２

表紙である。前者は「日独戦争号」を謳い、後者は「冒険小説号」を謳っている。前者は「軍国の少年」、後者は「岩窟の中へ」と題されており、いずれも川端龍子（一八八五～一九六六）がてがけている。川端龍子といえば、足立美術館蔵「愛染」や大田区立龍子記念館蔵「爆弾散華」などの大作で知られるが、日本画家として活動をする前は挿絵画家でもあった。鈴木三重吉いうところの「俗悪」で「下劣極まる」表紙絵が、このような川端龍子の表紙絵を含んでいるかどうかはわからないけれども、前者は誌名である「日本少年」が赤地に白抜きに、後者は青地に赤い文字で印刷されており、「派手」であることはたしかだろう。

「日独戦争号」巻末の「編輯だより」には次のように記されている。

▼戦争！戦争！日独戦争！かくして軍国の議会は開かれた！戦報は頻頻として山東省の一角から伝って来る。しかしながら旭東日出の国、われに常勝の剣あり、少年諸君、思いやるだに血湧き肉が躍るを禁じ得ないではないか。

▼茲に於てかわが「日本少年」も武装して立った。即ち本号を名づけて「日独戦争号」と言う。吾人は剣に代うるに筆の陣を張って大いに独逸を討とうと言うのである。

（略）

▼少年諸君！油断しちゃならぬ。しっかりしなくちゃいけない。勉強だ、強勉だ、何事も勉強だ。鉄砲や剣を携えて弾丸雨飛の裡を馳駆すると同じ心で勉強しさえすればどんな偉い人にでもなれる。一生懸命！油断しちゃならない！これが軍国少年の第一のつとめである。祖国に対する義務である。

鈴木三重吉の批判は「俗悪な表紙」や「世俗的な下卑た子供の読みもの」という表現によって行なわれているが、それは結局は少年を戦争にかりたてていくような言説にも向けられているのではないだろうか。ちなみにいえば、右には「軍国少年」という語が使われているが、『日本国語大辞典』はこの語を見出しにしていない。

「グンコクショウネン（軍国少年）」という語がいつ頃から、どんな場面で使われるようになったのか、というような「基本的な情報」の収集、整理、蓄積がまず必要だ。

少年向け雑誌──『飛行少年』

図3─3は大正九（一九二〇）年六月一日に発行された『飛行少年』第六巻第六号の目次の右ページである。的場朝二が描いた表紙絵には「強漕の後」というタイトルが附されている。この「強漕」は「キョウソウ」という語を書いたもので、その意味するところは、訓練用ボート（カッター）による訓練にちかいものかと想像するが、そうだとすると、この「キョウソウ（強漕）」がまた『日本国語大辞典』の見出しになっていない。このように書くと、『日本国語大辞典』も一つの辞書に過ぎないのだから、見出しにしていない語には限りがあるのではな

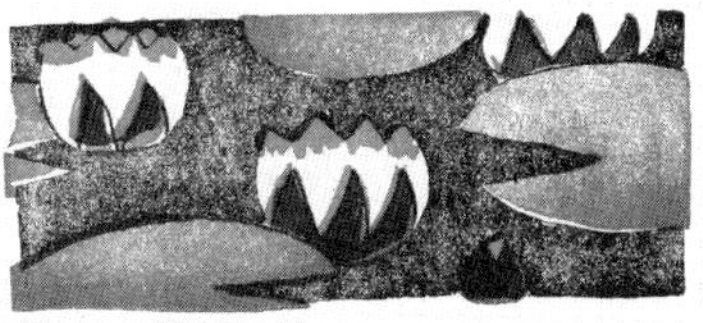

飛行少年 第六巻第六號 目次 大正九年六月一日發行

口繪

□強漕の後（表紙）……的場朝二
□歴史暦（大附録）……濱田知洸
□九紋龍史進（口繪）……的場朝二
□初夏の海（寫眞版）
□新綠（ペン畫）……黒澤中央

本文

▼九紋龍（熱血男子）……宮崎一雨…（四）
▼夜及王丸（忍術武勇）……淡路呼潮…（一四）
▼争ひの後（少年小説）……青木堂村…（三三）
□灯の光（　謡　）……武田一路…（一一）
□初夏の歌（少年新詩）……むらさき…（二二）
▼鰐の膽取り（漫畫物語）……山田みのる…（六八）

図3─3

いかと思う方がいるだろう。それはそのとおりで、『日本国語大辞典』だからどんな日本語でも見出しにしていなければならないということもないし、どんな日本語でも見出しになっているはずだという「思い込み」もおかしい。そうなのであるが、とにかく、現時点で『日本国語大辞典』は五十万項目、用例百万を謳う、日本最大の国語辞典であるのだから、この辞書が見出しにしているかどうか、この辞書の使用例のなかに探している語があるかどうかは、まずはおさえておきたい「情報」ということになる。そういう、日本語について考えるにあたっての「基礎情報」と思っていただければよい。ここでは、『日本国語大辞典』が見出しにしていなかったり、使用例のなかにもみあたらない、ということを話題にするので、次から次へとそういう語がでてくるような印象になってしまうかもしれないが、そうではない。多くの語はちゃんと見出しになり、採りあげられている。しかしそれでも、明治末期から大正、昭和初期にかけての語は『日本国語大辞典』に載せられていない語が比較的ありそうだ、ということだ。『日本国語大辞典』を批判しているわけでもなく、そろそろそのあたりのことをきちんと丁寧に見直す時期にきているのではないか、ということを述べておきたいということだ。

さて、宮崎一雨の「九紋龍」の下の丸括弧内には「熱血男子」とあり、淡路呼潮の「夜叉王丸」の下の丸括弧内には「忍術武勇」とある。宮崎一雨は『英雄の快挙』(一九一三年、弘文堂書店）『熱血団』（一九一六年、大屋書房）『絶壁魔城』（一九一七年、東盛堂）『空中征服』（一九二五年、大日本雄弁会）などの、いわゆる「冒険小説」の作者として大正期から昭和初期にかけて活躍したことがわかっている。

以下、少し並べてみよう。

争いの後……少年小説……青木堂村
鰐の胆取り……漫画物語……山田みのる
名馬と地下室……探偵奇談……平尾白暮
緑を浴びて……痛快新詩……児玉花外
花房太郎……満蒙風塵……児玉花外
梅雨の話……通俗科学……金井紫雲
燃ゆる血潮……愛国美談……宮澤均

児玉花外（一八七四〜一九四三）の「緑を浴びて」の冒頭二連をあげてみよう。

足に緑を踏み、

目に緑を見て、
何のうれいの胸に生るべき。
天地の若き緑に身を投げば、
少年の衣も濃き緑なり。

時にロマンチックの少年の、
緑の枝によじのぼりて、
鶯の如くに一声歌いたや。
ああ花さく五月の樹よ、
少年の手といずれか柔かく伸ぶる。

目次の丸括弧内に入れられているのは惹句、キャッチフレーズであろうが、「痛快新詩」は右の詩のそれとしてふさわしいのだろうか。筆者にはいささかそぐわないように感じられるがどうだろうか。それはそれとして、しかしキャッチフレーズやキャッチコピーを使って、売ったりアピールしたりするということは現代であればごく一般的なことであろう。「熱血男子」は現代の「刀剣女子」を思わせもする。本書が扱っている時期は、「売る」「アピールする」ということが次第に表に出て来た時期ともいえるだろう。そうした点において現代につながる時期とみることができそうだ。

右の中に「探偵奇談」とあり、「探偵」がキーワードになっていることにも注目しておきたい。本書には田中桃村の「怪人怪犬」が載せられているが、そのキャッチフレーズは「特別最長篇大探偵物語」である。

『飛行少年』のこの号に載せられている広告をみると、「高級写真機新アイリス号」「三脚台付高等早取写真機」「最新ポケット用写真機」などさまざまなタイプのカメラ、「新式真鍮ラッパ付ハーモニカ」「優良ハーモニカ」「最良銀笛（フラジオレット）」「大正琴」「軍用式真鍮製ラッパ」「ハモニカ」など楽器類、「探見電灯」「光強輝大　大鏡電灯」などの懐中電灯のようなもの、「発弾軽便短銃」「五連発短銃」「空気銃」のような銃器類などが多い。ちなみにいえば、狩猟用以外の民間の銃の所持が禁止されるのは、一九四六年以降で、それまでは禁止されていなかった。児童向けの雑誌といっても、少年向けと少女向けとではかなり内容が異なっていることがわかる。

また『飛行少年』も「読者文芸」という欄を設け、作文、新詩、和歌、俳句、物《もの》は附《づけ》、冠附、笑話などの投稿を呼びかけている。これも購買者を確保するための「方法」といえるだろう。「物は附」は現代ではあまりなじみがないであろうが、「飛ばぬ物は」という

「お題」に対して「借金とりという鳥」とか「絵に描いた鳥」「十銭の模型飛行機」とか「風の無い時の凧」「奈良の大仏」など、おもしろい答えを考えるというものだ。

作文と投稿欄

『赤い鳥』の「標榜語」に戻ろう。『赤い鳥』の「標榜語」の後半は、一転して「子供の作文」を話題にしている。「子供も大人も」「甚だしく、現今の下等なる新聞雑誌記事の表現に毒されて」おり、その結果その「下等なる新聞雑誌記事の表現」を基準として「子供の作文」を評価していると述べている。「子供の教養を引受けている人々」という表現もあり、「作文」に限らず、「子供の教養」にかかわっている人々に対しての批判が述べられている。『赤い鳥』といえば「童話と童謡」の雑誌と思いやすいが、それと並行して「子供の作文」つまり「こどもが語ることば」を整えていくという主張が行なわれていたことには注目したい。北原白秋はその点に強く同調しているものと思われる。

明治末から大正期にかけて出版されていた雑誌には、いわゆる「投書欄」を備えているものが多い。それは読者の投書を載せることによって、読者の購買を促すという「ねらい」に基づくものであろう。投書によって、読者の「共感」を増幅し、購買層を「囲い込んでいく」手法といってもよいだろう。

『日本少年』「日独戦争号」にもそうした投書欄が設けられている。投書には「作文、和歌、俳句、判じ絵、冠りつけ、ものはづけ、新懸賞、通信」などがある。この号には倉田浜荻による「言葉の選び方」という題の「選評所感」が載せられている。当該時期の日本語の状況を窺うことができることが述べられているので、少し長いが次に掲げてみたい。

言葉の選び方については、八月号に於て、第一濫《みだり》に漢語を用うること、第二外国語を濫用することとの共に不可なるを説いた。

第三には流行語の使用である。「落胆した」とか「失望した」とかいうべきを「悲観した」といい、「話が横にそれた」といえばよいものを「話が脱線した」という。甚しきに至っては、真面目なる文の一節に「なんてまがいいんでしょう」というようなことを平気で用いている、或は却てこれを得意としているらしくも見える、甚しい誤解である。流行語の使用は多くの場合文の品位を傷つけ、読者をして不快の感を起さしむるものである。

第四は方言の使用である。これは前の流行語と違って、故意に用うるのでなく、方言を方言と知らずして使用するものが多いようである。標準語に近い東京近傍ですら、「落ちた」というべきを「おっこちた」といい「見つけた」というべきを「めっかった」または「めっけた」という類は決して少なくない。まして日常の用語が標準語と甚しく相違する地方に於ては無理ならぬことと思う。（略）

第五は新しい言葉を濫造することである。元来言葉は自然の約束に基づくもので、自分勝手に造るべきものではない。新事実、新思想に対して、従来の語に適切なるものの存せざる場合、その道の大家が新たなる言葉を適用することはあるが、それさえも世の人人がこれを承認せざる間は言語としての価値はないのである。況んや勝手な理窟をつけて、濫に新しい言葉を造ったとて、世に通用するものではない。例えば「鉄瓶」は湯をわかすからとて「湯わかし」と呼び、「湯わかし」が銅で造られたからとて「銅瓶」と名づけたら、人はその愚を笑うであろう。名詞に於ては明かなるこの道理が動詞や形容詞には忘れられて、さまざまの珍らしい不通の言葉が用いられる。

（以下略）

述べられていることは妥当といえよう。現代日本語においては「話が脱線する」はさほど気にするような表現ではないであろうが、それが「流行語」と位置づけられている。『日本国語大辞典』を調べてみると、見出し「だっせん（脱線）」の語義（二）として「(比喩的に）常軌を逸した行動をすること。また、目的・本題からそれること」とあり、使用例として最初にあげられているのは、「＊彼岸過迄〔1912〕〈夏目漱石〉須永の話・三三「僕の弱点として何うしても脱線する気になれないのである」」である。また「語誌」欄には「一八九五年、山陽鉄道での軍用列車の転覆事故が大きく報道され、「脱線」という語もその頃から一般化した」とある。

「第四」として「方言の使用」が採りあげられているのはさらに興味深い。大正初期頃の日本語では現在よりもずっと多くの方言が使われていたことが推測できる。

耳ざわりな言葉

実際に『赤い鳥』を読んでみることにしよう。大正七（一九一八）年十一月一日に発行された第一巻第五号を採りあげることにする。

先に大正三年十月一日に発行された『日本少年』「日独戦争号」の「選評所感」中で、「方言の使用」についで述べられていることにふれた。『赤い鳥』第一巻第五号の「通信」欄に興味深い投書が載せられている。

表紙は一号のが一番よいと、多くの人々が申します。第三号にも誤植を大分見附けました。それから次のような言葉は私には耳ざわりでなりません。五頁八行目「お分りになれます。」、一九頁下段、終りから六行目「つるさげ」、二〇頁上終三「何て」、四三、中終五「私を呶鳴り」五二、下終五「もう真上へ」等は「なります」「つりさげ」「何と」「私に呶鳴り」「真上に」とすべきではありますまいか。それから「小供」は「子供」の方が正しくはないでしょうか。（熊本、標月指）

□

御丁寧に御注意下さいまして誠に有り難う存じます。早速各作家に問い合せましたところ、いずれも知らず知らず東京訛が出てしまったのだと申しておられました。仰せの通り「子供」が正しいのです。誤植には実際弱っております。しかしこれでもみんな三校四校位までずつ虫目金で厳密に調べているのです。それで見落しがあるのですから情なくなります。今後は十分注意をします。（記者）

ペンネームの「標月指」（月をさす指）は『楞厳経《りょうごんきょう》』にみられる「月を指せば指を認む」（=月を指さして教えると、月を見ないで指を見てしまう）に由来していると思われる。こういうペンネームを使う人が『赤い鳥』を読んでいた。先に『赤い鳥』を「童話と童謡」の雑誌と述べたが、だからといって子供が直接買って読んでいたのではなく、自分の子供に親=大人が買って読ませていたとみるのが自然だ。つまり、『赤い鳥』のような雑誌を

「良い雑誌」と認める大人に向けて編集されていたとみることもできる。それこそ『赤い鳥』を指せば、『赤い鳥』を誰のために購入するかを忘れて『赤い鳥』そのものを見てしまうということだ。さて「標月指」氏が指摘した第三号の「誤植」を文を単位として、書き手の名とともにあげてみよう。

◎それから水の中にいる魚でも、そのほか、虫でも、何でも、すべて、この世界中の生きものの言葉がすっかりお分りになれます。（五頁八行目：鈴木三重吉）
◎では、どうでございましょう。この切れを店の前へつるさげておいて、なんという切れかを教えて下すった方には、相当のお礼を差しあげますということに致しましたら。（一九頁下段終わりから六行目：森田草平）
◎ただワイワイ言っているだけで、誰一人これは何ていう切れですと教えてくれたものはありませんでした。（二〇頁上段終わりから三行目：森田草平）
◎だから象に水を飲み干してくれと言うのに象は怒って私を吸鳴りつけた。（四三頁中段終わりから五行目：小島政二郎）
◎お日さまは、もう丘の真上へ高く昇りました。（五二頁下段終わりから五行目：小川忠之助）

例えば「ツルサゲル」は『日本国語大辞典』の見出しになっている。そこには次のようにある。

つるさげる〔他ガ下一〕「つりさげる（釣下）」の変化した語。＊混血児ジョオヂ〔1931〕〈浅原六朗〉一「いきなり彼は室の隅っこに投げて置いた砂嚢を吊るさげると、ワイシャツ一枚になって跳びかかって行った」＊暗夜行路〔1921〜37〕〈志賀直哉〉二・九「お菊が後手に縛られて、釣（ツル）下げられた所だと番頭が説明した」

森田草平は岐阜県方県郡鷺山村（現在の岐阜市）に生まれており、「つるさげる」の使用例としてあげられている浅原六朗は長野県北安曇郡池田町村の生まれで、両者の生まれた場所はちかいといえば、ちかい。しかし志賀直哉は宮城県牡鹿郡石巻町の生まれであるし、二歳の時に東京に移っている。したがって、地域的なことがこの「ツルサゲル」という語形に関わっているかどうかは不分明である。「ツリサゲル」「ツルサゲル」は前者の「リ」の母音[i]が後者では[u]になっているとみることができる。つまり母音交替形だ。母音交替形はいついかなる時でもうまれ得るとまではいえないが、それでもそれほど特殊な条件が揃わなくても起こる可能性はあるだろう。あるいは「ツルス」という語と「ツリサゲル」という語が混淆して、「ツルサゲル」という語形がうまれる可能性もある。いずれにしても、「ツリサゲル」を標準語形とみるならば、標準的ではない語形を森田草平が使った。それは、校正を経ても排除されることなく、そのまま印刷出版された。それを熊本の「標月指」氏に指摘されたということだ。

大正七（一九一八）年の時点で、森田草平は一九〇三年に第一高等学校を卒業し、東京帝国大学英文科に入学している。一九〇五年には夏目漱石の門人となる。大学卒業後には、岐阜に帰郷するが、結局は東京に住み、仕事をする。つまり、東京で言語生活を送っている。明治末期から大正初期頃の東京という「言語空間」を考えた時に、むしろいろいろな方言が使われていたために、そうしたことに対しての「許容度」が地方よりもかえって高かったということはないのだろうか。東京だから標準的な日本語のみが使われているというのではなく、むしろさまざまな非標準的な日本語が「飛び交って」おり、それが許容されていた。逆に「地方」では「標準的な日本語」が強く志向されており、そのために熊本の「標月指」氏が森田草平の使った「非標準的な日本語」に「反応した」ということはないか。

「象は怒って私を吸鳴りつけた」はさらに興味深い。「標月指」氏は「私に吸鳴りつけた」が正則だとみている。現代日本語においても、「Xは私をどなった」「Xは私にどなった」どちらも使いそうだ。しかし、「標月指」氏はわざわざ「〜ヲドナル」が「誤植」だと言っている。「お日さまは、もう丘の真上へ高く昇りました」も、「お日さま」の動きをとらえれば、「真上の方向へ昇った」ということで、助詞はむしろ「ヘ」がそもそもの表現といえる。しかし助詞は「ニ」がよいのだと言う。「標月指」氏がどのような言語生活を送っているか、生まれはどこか、といったことがわからないので、ここで何らかの「判断」を示すことはできないが、いずれにしても、大正七年時点の日本語をめぐる「やりとり」であることは確かで興味深い。

夏目漱石が和語「コドモ」に「子供」「小供」をあてることについて、「おとなに対するこどもの場合にはほとんど例外なく「小供」になるといってよい」（山下浩『本文の生態学』一九九三年、日本エディタースクール出版部、六頁）と述べられたことがあったが、筆者は、そうではないことについて『消された漱石』（二〇〇八年、笠間書院）において述べた。明治期には「コドモ」に漢字列「小供」をあてることがあった。大正期でもそうした状況はあると思われるが、右では「記者」がはっきりと「「子供」が正しいのです」と述べており、大正七年の時点では、「子供」が多くなってきていることを推測させる。ただし、後で図3—5（一七一頁）として示す山本鼎の文章中では「小供」「子供」が隣接して使われており、基本的には違いはない、とみるのがよいであろう。

「ふだんお話するとおりの、あたりまえのことば」

大正七年九月一日に発行されている『赤い鳥』第一巻第三号（九月号）に載せられている小学生の文章をみてみよう。

ひこうき　備中高梁小学校　三年生　尾島晃子

たのしんでまっていたひこうきは、ようよう二十三日にきました。ひこうきが「ほうこくりん」の上をとんでいる時には、ちょうどとんぼがとんでいるように見えました。それから町の上を三べんまわって「ちかのりがはら」へおりました。岡田の淑子さんが、はなわをおあげになって、それからみんなで、ばんざいをとなえました。二十四日には九時にせんせいといっしょにていぼうの上へ行って、せんせいにおはなしをきいていると十二時にちかくなってひこうきはたって行きました。町の上を一どまわって色々な美しいかみぎれをなげて行きました。

家のまわり　麻布区東町小学校　六年生　長谷川巌

私の家の向いは、樋口さんの家だ。樋口さんの左には奈蔵電気工場がある。奈蔵工場の前には町田工場がある。こんな風に私の家のまわりには工場が多い。朝六時を打たない頃から家の前を職工がぞろぞろ通る。その中にジャランジャランと鐘がなる。それから機械がガチャガチャ動き出す。そして夕方暗くなる時分にやっとその機械の音が止む。職工はみんな疲れて帰って行く。そのあとは機械も疲れて眠ってしまったように、しんとする。すると、そこへ男の子たちがどこからともなく集って来て往来で鬼ごっこをはじめる。女の子は、なわ飛びなどをして遊ぶ。近所のおばさんたちが、戸口に立ってお話をする。それから、しまいに、あたりが暗くなって夜になる。

この号の「通信」欄で鈴木三重吉は次のように述べている。

綴り方のお話――みなさんの綴り方を見て第一にいやなのは、下らない飾りや、こましゃくれたたとえなぞが、ごたごた使ってあることです。私がいつも選ぶ綴り方を見てごらんなさい。みんな、ただ、あったことを、ふだんお話するとおりの、あたりまえのことばでお話したものばかりではありませんか。（略）

二、「ひこうき」の中の「とんぼがとんでいるように見えた」というたとえは、見たとおりを言ったまでで、珍しいたとえではありませんが、それでもって、はじめて飛行機を見た心持がよく出ています。そしてイヤミが一寸もありません。三、「家のまわり」の中の「機械も疲れて眠ってしまったように」（略）などになると、ただわけもなく人の真似をしたのとちがって全く自分がそのときに感じたとおりをそのまま書いたのです。

鈴木三重吉は「あったことを、ふだんお話するとおりの、あたりまえのことばでお話したもの」を佳としていることがよくわかる。それは一つの「みかた」であり、「みかた」である以上、その「みかた」に対して賛否両論あることはむしろ当然といってよい。子供に「ふだんお話するとおりの、あたりまえのことば」で書くことをうながしたことは、「日本語の記録」という観点からは興味深い。例えば、右の「ひこうき」では「かみぎれ」という語が使われている。『日本国語大辞典』は「かみきれ」を見出しとしている。

かみきれ【紙切】〔名〕（「かみぎれ」とも）紙のきれはし。紙片。＊古今著聞集〔1254〕四・一二六「左伝・礼記・毛詩を分かちたびて、題を選ばされけり。皆紙切に書き分けて〈略〉くじにとらせられけり」＊私聚百因縁集〔1257〕九・二四「召し返し安しなんとて立ち依り御座（おはしまし）て胸の紙切（カミキレ）を引き秡いて帰り給ひぬ」＊最暗黒之東京〔1893〕〈松原岩五郎〉二「宿料三銭を払ひ、宿主の命令的注意に従ひて履物を紙片（カミギレ）にて結び椽の下へ投込み置き」＊病牀六尺〔1902〕〈正岡子規〉一一六「蔓に紙ぎれを結びて夜会草と書いつけしは口をしき花の名なめりと見るに其傍に細き字して一名夕顔とぞしるしける」

使用例としてあげられている松原岩五郎『最暗黒之東京』（明治二十六：一八九三年）と正岡子規『病牀六尺』（明治三十五：一九〇二年）にははっきりと「カミギレ」とある。もっとも明治期以前においては、「かみきれ」が「カミキレ」「カミギレ」両語形に対応しているといってよいので、明治期以前に「カミギレ」という濁音語形が使われていなかったかどうかということについては、丁寧に調査をする必要がある。しかしとにもかくにも、明治期に「カミギレ」という語形が使われていたことは『日本国語大辞典』によって確認できるし、大正七（一九一八）年にも「カミギレ」が使われていたことの、いわば「証拠」が「ひこうき」であることになる。

なんだそんなささいなこと、と言うなかれ。非標準的な語、語形ほど文献に「足跡」を残しにくい。同じ号でいえば、「おとう様のおかえり」（東京高等師範学校附属小学校某年級無名）中で使われている「るすい（留守居）」は珍しい語とはいえないけれども、「おとう様のおかえり」によって、大正七年に小学生が「ルスイ」という語を使っていたことがわかり、語の使用の「下限」を窺うてがかりになる。

あるいは大正七年十月一日に発行されている第二巻第四号（十月号）において、「特賞」を与えられている、長野市鍋屋田小学校高等一年生桑原艶子さんが書いた「中禅寺湖」では「ワッチャ」という人称代名詞が使われている。『日本国語大辞典』は見出し「わっちゃ」を「（自称代名詞「わっち」に係助詞「は」の付いた「わっちは」の変化した語）わたしは。わっちゃあ」と説明している。「中禅寺湖」では次のように使われている。

一人「ああやだな、宿屋のおむすびなんか」
一人「わっちゃ、こんなおむすびなんか食べないよ」
私「わっちゃも食べないよ。」

一人「じゃここへうっちゃろう」と、みんなですてました。

「わっちゃ、こんなおむすびなんか食べないよ」の「ワッチャ」は「私は」とみることができるが、「わっちゃも食べないよ」では「ワッチャ」にさらに助詞「モ」がついているので、「ワッチャ」が「私」という語義の人称代名詞として使われているようにみえる。この一例だけで何かを断言することはできないので、さらに考えたいが、やはり大正期の日本語についての情報をしっかりと蓄積する必要がある。その観察対象として、子供たちが自然に書いた「綴り方」は恰好の材料であろう。

2　子供・児童のための／が書いた言葉

『金の船』を読む

図3―4は大正八（一九一九）年十一月に発行された『金の船』第一巻第一号（創刊号）の表紙である。表紙は大正から昭和初期にかけて活躍した洋画・童画家の岡本帰一（一八

八八〜一九三〇）が担当している。後には、寺内万治郎、蕗谷《ふきや》虹児《こうじ》、水島爾保布《にほふ》、竹久夢二、武井武雄らも表紙・口絵・挿絵をてがけている。童話では、有島生馬、島崎藤村の他、与謝野晶子、小山内薫、菊池寛らが、童謡は西條八十、野口雨情、三木露風らがてがけている。

図で分かるように、表紙上部には「島崎藤村有島生馬監修」とはっきりと印刷されている。創刊号の目次を抜粋してみよう。

図３—４

秋のとんぼ（童謡）若山牧水
泥棒と犬の子（童話）有島生馬
黒姫（童話）斎藤佐次郎
鈴虫の鈴（童謡）野口雨情
船頭の子（童謡）西條八十
親鳥小鳥（童話）徳永寿美子
燕の王子（童話）横山寿篤
幸福の星（童話）須藤鐘一

斎藤佐次郎（一八九三〜一九八三）は「金の星社」の創業者で、自らも作品を発表していた。横山寿篤（夏樹）（一八八六〜一九七三）とともに、『金の船』の発行をしていたが、大正十一（一九二二）年六月には金の星社を設立し、雑誌『金の星』を発刊することになる。徳永寿美子（一八八八〜一九七〇）は児童文学の作家で、大正十年にはアルスから『薔薇の踊子』を、大正十二年には金星堂から『赤い自働車』、かながきひろめかいから『はなのをもいでがたり』を出版している。須藤鐘一（一八八六〜一九五六）は大正二（一九一三）年に博文館に入り、『淑女画報』の編輯主任を務めたが大正七年以降は自身も執筆活動をするようになった。

図3―5は山本鼎（一八八二〜一九四六）「子供の自由画を募る」のページである。山本鼎は明治四十一（一九〇八）年十二月頃、北原白秋、木下杢太郎らと「パンの会」を発足させ、大正六年には白秋の妹である家子と結婚する。翌大正七年頃から、子供に自由に絵を描かせる自由画運動を展開し、大正八（一九一九）年には農民美術練習所を開く。クレパスの開発にもかかわったと考えられている。大正八年四月には長野県小県郡神川小学校で、第一回児童自由画展覧会が開かれ、長野県下から一万点ちかい作品が寄せられた。大正九年十二月二十六日には北原白秋らと日本自由教育協会を結成するに至る。

図3―5の絵には「森鷗外氏令嬢／まり子さん作／（八歳の時）」と記されている。つ

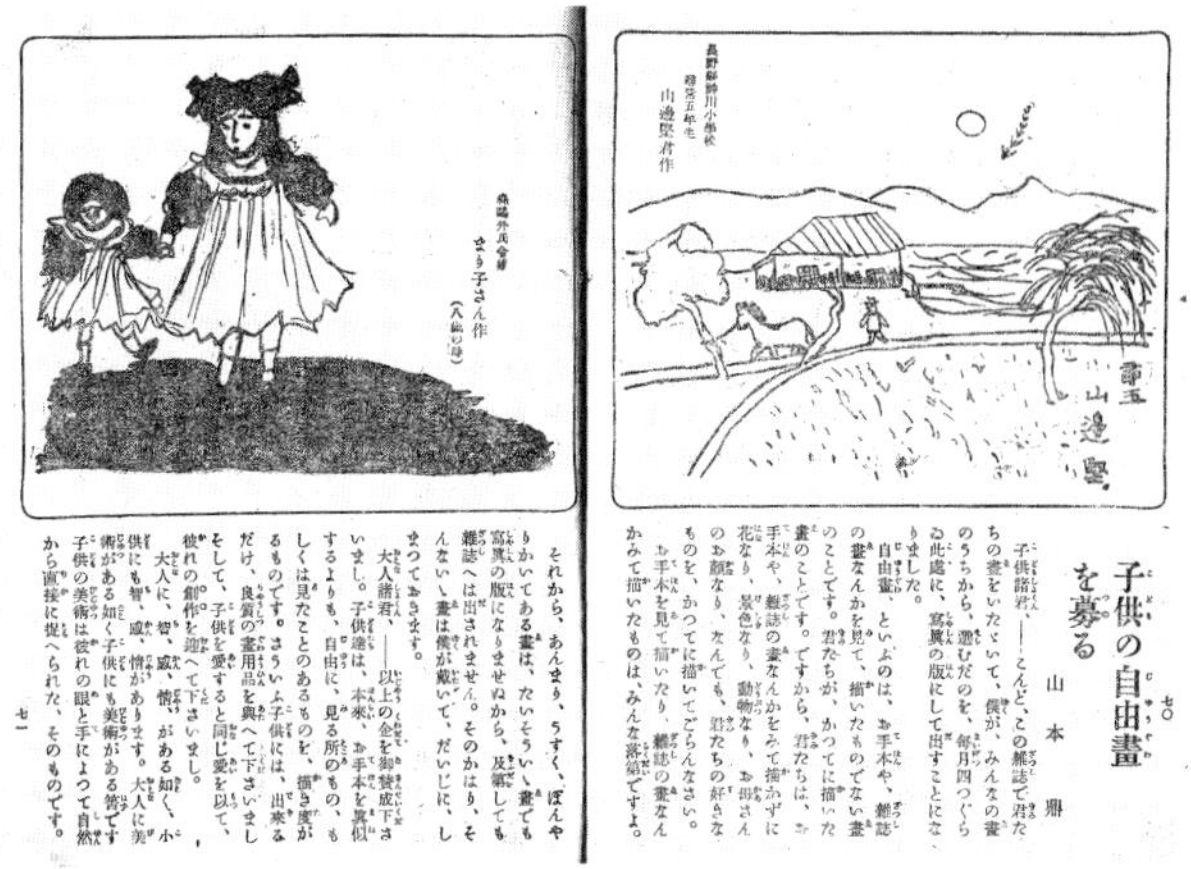

七〇

子供《こども》の自由畫《じゆうが》を募《つの》る

山本鼎

子供諸君、――こんど、この雜誌で君たちの畫をいたゞいて、僕が、みんなの畫のうちから、選むだのを、毎月四つぐらゐ此處に、寫眞の版にして出すことになりました。

自由畫、といふのは、お手本や、雜誌の畫なんかを見て、描いたものでない畫のことです。君たちが、かつてに描いた畫のことです。ですから、君たちは、お手本や、雜誌の畫なんかをみて描かずに花なり、景色なり、動物なり、お母さんのお顔なり、なんでも、君たちの好きなものを、かつてに描いてごらんなさい。

お手本を見て描いたり、雜誌の畫なんかみて描いたものは、みんな落第ですよ。

それから、あんまり、うすく、ぼんやりかいてある畫は、たいそういゝ畫でも寫眞の版になりませぬから、及第しても雜誌へは出されません。そのかはり、そんないゝ畫は僕が戴いて、だいじに、しまつておきます。

大人諸君、――以上の企を御賛成下さいまし。子供達は、本來、お手本を眞似するよりも、自由に、見る所のもの、もしくは見たことのあるものを、描き度がるものです。さういふ子供には、出來るだけ、良質の畫用品を與へて下さいまし。そして、子供を愛すると同じ愛を以て、彼れの創作を迎へて下さいまし。

大人に、智、感、情、がある如く、小供にも智、感、情があります。大人に美術がある如く子供にも美術がある筈です。子供の美術は彼れの眼と手によつて自然から直接に捉へられた、そのものです。

七一

図3—5

まりこの絵は森鷗外の長女茉莉の画いたものということだ。山本鼎の文章の末尾には「大人に、智、感、情がある如く、小供にも智、感、情があります。大人に美術がある如く子供にも美術がある筈です　子供の美術は彼れの眼と手によって自然から直接に捉えられた、そのものです」とある。

明治三十（一八九七）年に開かれた第二回白馬会展に黒田清輝が出品した作品には「智・感・情」と名づけられている。おそらくはそのことをふまえた表現であろう。

『コドモノクニ』を読む

図3—6は『コドモノクニ』第四巻第五号（大正十四年四月一日発行）の表紙である。『コドモノクニ』は幼児の絵雑誌として、大正十

図3—6

一（一九二二）年一月に創刊されている。編集責任者は『少女画報』の編集責任者であった和田古江が、編集顧問を東京女子高等師範学校で教えていた教育学者、倉橋惣三が担当した。上の表紙は武井武雄が担当している。子供向けではあるが、芸術的な総合絵雑誌として高く評価されている。北原白秋と野口雨情とが童謡顧問を、岡本帰一が絵画主任をつとめた。挿絵画家としては、武井武雄・岡本帰一の他に、清水良雄、初山滋、竹久夢二、古賀春江、東山魁夷などがいた。小川未明、浜田広介らは幼年童話を提供した。

図3—7は北原白秋の「たあんき、ぽうんき」の見開きページの左ページである。武井武雄が画を担当している。同じく武井武雄が画を担当している富《ふ》原義徳《はらよしのり》の「れんげの絵日傘」は次のような作品だ。

れんげの絵日傘
ひよりがさ
蛙もぴょんぴょこ
おはいりよ

図3―7

れんげの絵日傘
ひよりがさ
蝶々もちょっくり
おやすみよ

れんげの絵日傘
ひよりがさ
田螺はころころ
ながやすみ。

オノマトペ「チョックリ」はおもし

ろいが、「チョウチョ（蝶々）」の「チョ」とかけているのだろうか。「ヒヨリガサ」はなんでもない語のようであるが、『日本国語大辞典』は見出しにしていない。また渡邊増三作、岡本帰一画「道ぐさ」という作品が載せられているが、タイトルは「ミチクサ」ではなく「ミチグサ」である。やはり、丁寧に読むことによって、いろいろな日本語があったことがわかる。

『児童文集』を読む

岸田牧童『児童文集』（尋常小学五年生の巻）は大正九（一九二〇）年十月三十日に同文館を発行所として出版されている。「序」には次のように述べられている。

私が初めて全国各地の小学校に於ける、児童綴方の成績を蒐集して、児童文集を編纂したのは、大正四年の八月でありました。啻に綴方という国語の一分科の教授の為ばかりでなく、一体に児童の教育に任じている者としては、よく児童の性情に通じていなくてはならぬ、それには児童の思想感情を些の偽るところなく、赤裸々に発表している、彼等の文章に広く眼を通すことも、一の途であると考えたのと、真に彼等の綴文能力を発達させるには、彼等と同じ発達の道程に在る児童の作品の中から、優秀なものを選んで、彼等をして鑑賞させるのも、重要な事と信じたからであります。

児童の書いた作文を同じくらいの年齢の児童に「鑑賞させる」という「方法」は興味深い。「鑑賞」は「評価」にちかい。教師が評価した自身の作文を反省的にみなおすだけではなく、自身が他者の作文を評価することによって、どのように書けばよいかを自身で考える、という「方法」は現在のアクティブ・ラーニングにも重なり合う点がありそうだ。過去にどのようなことが行なわれ、それがどのような結果をもたらしたか、ということについて、きちんと振り返り、「評価」することは重要だ。しかしそうした「振り返り」なしに、ただ漠然と「古い方法」とみなし、それとは違う「方法」を「新しい方法」として珍重する「傾向」はないだろうか。「近い過去」として明治末期から大正期、昭和初期あたりをしっかりと見直すことには意義があるのではないだろうか。

さて、当時の尋常小学五年生はどのような文章を書いていたか、実際に読んでみよう。福井県坂井郡三国小学校の高山よしお君が書いた「大正八年を送る」を見てみよう。

「光陰矢の如く　日月は流るる水の如し」と　古人の句にありますが　実にそうだと感じられます。

今年も　はや　あと僅かの日数となりました。

今年春をむかえたときに　今年は五年になるのだから　しっかりやろうつとめようと　心にきめてかかった　其の大正八年は　目あてどおりに　日を送ったでありましょうか。

私はわるいくせで　面白い事や　うれい事があると　何も彼も　わすれてしまいます。いつかも　暑い夏の日でした。あの楽しい海水浴に　友達と日のかたむくのも忘れて　長い日を送って　母に叱られた事がありました。又秋のよい天気の日　茸狩遊びに日をくらした事もありました。其のうちに　年の暮となったのです。二学期の成績が按じられます。先生は　一日のお休みもなく　熱心に教えて下されたのに　わたくしの勉強は　進んだでしょうか。父母に対しても　はずかしくてなりません。

来年は終学年となるのです　うかうかして居ては　かえらぬ後悔となるでしょう。

今度こそは勉めよう　そうして　皆の模範になりたいと思います。

考えよりも　実行実行。

大正八年を送るにあたりての　これが所感です。（十二月二十五日）

評　「今年は今年とてくれにけり」古人もこういったのがあります。

まず、右の文章は部分的に「分かち書き」になっている。また句読点の使い方が現在とは異なっていることがわかる。右の文章だけではないので、これが大正八年の「実態」であることになる。右の文章中でいえば、「茸狩遊び」は「タケガリアソビ」を書いたものと思われる。「タケガリ」は現代日本語でいえば「キノコガリ」が対応するだろう。現代日本語とは異なる語をこの『児童文集』から少し抜き出してみよう。

◎「ストライキワン」田中君は　バットをにぎりかえして　てきのピッチャーをにらんでいる。（京都府師範附属小学校　堀雄夫「ホームラン」）（一三頁）

◎足のだるいのもわすれ　先生の後をずんずんと行く内に　飛行機が上ったり下りたりする所が　はっきり見えるので　早くわかれになればよいがと　わかれをまって居た。先生が　わかれて見てもよろしい　とおっしゃった時の　うれしさと言ったらたとえようのないほどでした。（岐阜県師範附属小学校　青木京一「飛行機を見に」）（一七頁）

◎「ピーピーピーピーピー」汽笛一声　汽車が走って来る。踏切番は　人止棒をおろした。（新潟県長岡女子師範附属小学校　大智浩「神田口踏切で」）（二六頁）

◎汽車を待つ人は　ベンチに　こしをかけて　世間話をしている。其の中には　出札口で　切符を買っているのもある。えきふは　いそがしそうに　小さなありが　せみをくひように　小さな車へ　山のように　荷物をつんではこんでいる。（千葉県印旛郡成田尋常小学校　木下けい「停車場」）

（二八頁。「くひように」は「ひくように」の誤植であろう）

◎僕らはお菓子をもって　ここまでおいでをしますと　お菓子をほしさに　てこてこと　歩いてまいります。其の歩きようが　又面白うございます。顔の上で　てんてこをしますとまねをして　てんてこをします。（愛媛県新居郡新居浜小学校　飯尾直明「僕の好きな子供」）

（三〇頁）

もともとは同じ英語「strike」が、日本語に外来語として借用されるにあたって、野球の「ストライク」と労働に関しての〈同盟罷業〉「ストライキ」とに分かれるのだという説明がされるのであるが、『児童文集』に載せられている児童の文章によって、野球においても「ストライキ」という語形が使われることがあったことがわかる。「ワカレ」は語義はすぐにわかるが、現代日本語で対応する語があるかどうか。「カイサン（解散）」がちかそうではあるが、少し違うだろう。「人止棒」は「ヒトトメボウ」という語を書いたものと思われるが、そうであれば、『日本国語大辞典』は見出しにしていない。現在では「シャダンカン（遮断桿）」あるいは「シャダンボウ（遮断棒）」という名称が使われていると思われる。ただし、この現代使われている「シャダンカン」も「シャダンボウ」も『日本国語大辞典』は見出しにしていない。「エキフ（駅夫）」は「エキイン（駅員）」以前に使われていた語である。右の文にあてはまりそうな語義の「テンテコ」も『日本国語大辞典』が見出しにしておらず、この語の場合、どういう行為であるかもわかりにくい。

『赤い鳥』が子供のことばを整えようとしていたこと、児童の作文を正しく導こうとしていたことがわかる。それによって、どんな「子供のことば」が方向づけられたか。それが現在の子供たちのことばとどのようにつながっているのか。「正しい子供」を印象づける児童向け雑誌の意図は、いまはどう感じられるだろうか。

児童の書いた文章は、大人が手を入れなければ、児童がその時に使っていたことばをそのまま反映していることが少なくない。あるいは大人が手を入れたとすれば、そこで使われていることばはその時の「標準的な表現」であることになる。

二〇一九年五月から元号が「令和」になった。その前には「平成」が三十年続いた。その前が「昭和」でその前が「大正」、その前が「明治」だ。「今日の日本語と昨日の日本語は変わらない」とみて、それをずっと続けていくと、明治に至る。しかし、明治の日本語と現在の日本語とは同じではない。ただしそれは「違い」に注目した場合のことだ。日本語を大きく「古代語」と「近代語」と分けるみかたがある。江戸時代以降が「近代語」であるが、このようにみると、明治以降現代まで、どころか、江戸時代から現代までが同じ「近代語」ということになる。より大きな、「古代語」と「近代語」との「違い」に着目すると、それよりは小さな「明治時代の日本語」と「現代の日本語」との「違い」は捨象されるということだ。現代日本語と対照しながら、大正時代の児童の書いた文章を読むというような「行為」は「大正時代の日本語」と「現代の日本語」とがどう「同じ」でどう「違う」かを具体的に知るきっかけとなる。そしてそれは現代を考えるきっかけにもなるだろう。

第四章　大正時代の辞書――現代の辞書のルーツを求めて

大槻文彦が編集した『言海』は明治二十四（一八九一）年に出版が完結する。この辞書を「本格的な国語辞書の嚆矢」とみることが多い。『言海』以前、明治十八年には、蘭学塾である攻玉塾（現在の攻玉社中学校・高等学校）を創立した近藤真琴編集の『ことばのその』、明治二十一年には物集高見《もずめたかみ》の『ことばのはやし』、高橋五郎の『［漢英対照］いろは辞典』、明治二十二年には、やはり高橋五郎の『［和漢雅俗］いろは辞典』が出版されている。大槻文彦、近藤真琴、物集高見はいずれも、仮名によって日本語を書くことを主張する「かなのとも」（後には「かなのくわい（＝仮名の会）」）のメンバーであった。

『言海』は辞書には「発音（pronunciation）」「語別（parts of speech）」「語原（derivation）」「語釈（definition）」「出典（reference）」が記述されていることが重要であると考えていた。

『言海』は出版にあたって、「出典」を（ほとんど）はずしているが、理念としては、そのように考えていた。

現在出版されている辞書はどうかといえば、見出しとなっている語句の「発音」を示している辞書はむしろ少ない。また「語別」すなわち品詞も必ずしも示されているとは限らない。「語原」（語源）についての「情報」も少ないし、「出典」は中型以上の国語辞書であれば記されているが、小型の国語辞書には記されていないことが多い。となると、現在出版されている国語辞書が『言海』から確実に受け継いでいるものは、「語釈」ということになる。

サ行までは大槻文彦が増補改訂に携わっているので、『言海』の「増補改訂版」が『大言海』であるとみることはできる。その『大言海』は昭和十（一九三五）年に初版四冊本が刊行されている。『大言海』は「昭和の辞書」とみるのがよいだろう。

本書が話題にしている一九〇二年から一九三〇年は、ちょうど、『言海』が完結した明治二十四（一八九一）年と『大言海』が完結した昭和十（一九三五）年の間にあたる。この時期には、上田万年・松井簡治編集の『大日本国語辞典』の初版四冊本が大正七（一九一八）年に完結している。昭和三年には索引一冊が出版され、昭和十四年には索引を加えた修訂版五冊が出版され、昭和二十七年には新装縮刷版（一冊本）が刊行されている。そして、昭和十年には『広辞苑』の前身ともいえる新村出『辞苑』が刊行される。本章では、まず国語辞書として『大日本国語辞典』を採りあげ、続いて国語辞書以外の辞書を採りあげることにしたい。

1　『大日本国語辞典』を読む

「一大戦艦にも譬うべき」

第一巻の冒頭に置かれた「序文」は、『大日本国語辞典』がどのような時期に編まれたかを知る恰好の手がかりといえよう。「序文」は日本史学者三上参次（一八六五〜一九三九）、中国哲学者服部宇之吉（一八六七〜一九三九）、国文学者芳賀矢一（一八六七〜一九二七）の三人が寄せているが、ここでは芳賀矢一のものを採りあげてみよう。芳賀矢一の次のような言説は目を惹く。

十年一昔ということを思うと、上田松井の二君が国語辞書の編纂に著手せられてからも、一昔はとくに済んだ。（略）年の流は水の流と同じく、世事の変遷は行く雲のように極りがない。此の一昔の間には、日露戦役という大事件が起って、我が日本の国勢を一変せしめた。政治や軍事や工業や貿易やの進歩発展の跡を見ても、其の間の十年は通常の十年では無かった。（略）二君の筆と頭脳は間断なく此の間に活動して、採るものは採り、棄てるものは棄て、其の進歩は遅いが、其の成果は確実であった。かくて粒粒積上げた砂子も遂には山を成す喩のように、編纂の稍緒に就いたまでには、鉄道は何千哩落成の祝賀会を催したし、何万噸という軍艦は幾隻となく進水式に浮び出たのであった。（略）国民精神の基礎、随って国家教育の根柢となる国語の調査整理が、現今に緊急であることはいうまでもない。国家は軍備ばかり進んでも一等国とは言われぬ。あらゆる方面の発展は教育の力に頼らねばならず、教育の進歩も国語の普及が根本である。狭い編輯室に行われて、何等世人の注意を惹かなかった学者の研究が、実は絶大な国家的事業であったということに於て、学者の生命があり、学術の意義があるのである。十年以前に比べて鉄道の哩数や、軍艦の噸数の大に増加したのを祝賀する人は、之と同時に数隻の巡洋艦位で満足して居った我が国語界が、十余年後の今日、ここに一大戦艦にも譬うべき本書を有するに至ったことを驚歎し、歎美しなければならぬ。文物の整備するのは国家の誇であり、飾である。又精神界を支配する大きな武器である。完全な一辞書の存在することも、国民に採りての立派な強みになる。

明治二十四年六月二十三日に、東京芝の紅葉館で『言海』完成の祝宴が行なわれている。この祝宴で「言海の発刊」という題で、当時枢密院議長であった伊藤博文が祝辞を述べている。その祝辞の中で、「二十余年来文明諸国ト駢進」してきた「効績」がいまだ「文藻上ニ顕」われてきていないことを歎き、「好辞書」『言海』がそうした欠落を埋めることを喜んでいる。伊藤博文が『言海』の完結に際して感じたことと、芳賀矢一が『大日本国語辞典』の完結に際して感じたこととは、おおまかに言えば「同じ（ような）こと」である。「おおまかな」は表現としてふさわしくないかもしれないが、そうしたある度合いの「抽象化」ということだ。つまり『言海』も『大日本国語辞典』も同じような「文脈」の中にあるという「みかた」はできる。しかし、「抽象化」の度合いを下げて、もう少し具体的にみた場合、右の「序文」において、「軍事」「軍備」「軍艦」「進水式」という語がはっきりと使われていることは目を惹く。そもそも『大日本国語辞典』が「一大戦艦」という比喩で語られているし、「武器」と呼ばれている。こうしたことを「修辞」とみなすことはできるが、そのようにみることによって、『大日本国語辞典』がどのような「文脈」「時局」に編まれたかということをつかむことができなくなってしまうのではないか。やはりこの時期の「時空」は「軍事」とは切り離しにくいということを窺わせる。

凡例の示すもの

辞書に記されている「凡例」は辞書編集者の「方針」といってよい。「凡例」の「一本書に収めたる語彙」の最初には次のように記されている。

> 本書には上古語・中古語・近古語・近代語・現代語其他普通の学術専門語、及び外来語の通用語となれるものは悉く之を収めたり。漢語の国文学の上に表われたるものも広く之を収拾して読書の便に供せり。方言は古書の上に表われたるもの、及び現在東京京都地方に行われたるもののみを取り、諸国のは、他日別に方言辞書編纂の時を期し、今は之を省きたり。

右で「近代語・現代語」と述べていることには留意したい。「近古語」が今いうところの中世語、「近代語」は江戸時代語、「現代語」はそれ以降の語ということになりそうであるが、ここでは（結果的に）明治時代語、大正時代語が一つにくくられている。また「普通の学術専門語」「外来語の通用語となれるもの」を見出しとして採用しているという点には注目しておきたい。「普通の学術専門語」は「フツウ〈普通〉」の語義を〈どこにでもあって珍しくない・一般的〉ととらえると、〈一つのことがらについて詳しい〉という語義をもつ「センモン〈専門〉」と矛盾してしまうが、ここでの「フツウ〈普通〉」は続く「外来語の通用語」の「ツウヨウ〈通用〉」〈世間に広く使われ、認められていること〉とほぼ同義とみるのがよいだろう。つまり、「学術専門語」であっても、広く使われている語は見出しとして採用したということだ。

「普通の学術専門語」

明治三十八（一九〇五）年に徳谷豊之助『普通術語辞彙』〈敬文社〉が出版されているが、その「序」には「各専門の術語中、如何なる術語が最も普通に使用せられつつありや」とあって、やはり〈広く使われている〉という語義で「フツウ〈普通〉」が使われていると思われる。この『普通術語辞彙』の見出し「ロマンチック」の一部をあげてみよう。

意義　本語は未だ適切の訳語なく、原音の儘使用せらる。此の語に対する解釈は、曩《さき》に大塚博士最も懇切平明に早稲田専門学校に於て講演せられたり、予は博士の説明以外に論を構うるの余地を見ず、即ち爰に其の要素を捕え、以て本条の説明に換ゆ。

ロマンチックなる語は広狭二義を有し、広い意味でロマンチックと謂えば、古代即ち希臘羅馬の文明に対し、彼の中世の基督教を中心とせる文物一般を指すので、ロマンチック主義を中世主義と訳するのは此意義あるが故である、併し今日一般にロマンチックと呼び称うるは、専ら狭義を意義し、狭く文芸上の一主義一傾向を指すのである、此の意義も元来甚だ複雑なる現象を包括し、其性質傾向、国々に依り、時代に依り、人々に依りて性質を異にし、到底一々数え挙ぐるが如きことは出来ぬ、併し其の根本精神は何れも相共通し、容易に説明することが出来る、即ち人の理性（智識の作用）に対する感情、現実（現在の実際）に対する空想（此空想中には理想も含めて）、此の二つを偏重する感情主義、空想主義が所謂ロマンチックの根本精神である。（以下略）

右では「ロマンチック」の語義に「広狭二義」があると述べている。「広い意味」でとらえれば、「ロマンチック主義」はすなわち「古典主義」に対しての「ロマン主義」のことで、狭義では「理性・現実」ではなくて「感情・空想」を重視する「文芸上の一主義」のことと述べられている。少しわかりにくいが、前者はもともとの意味で、後者がいわば限定的に使われている意味で、後者が「今日一般」の意味であるので、こちらが「普通に使用」されている「ロマンチック」ということになる。

さて、それでは現代日本語では「ロマンチック」はどのように使われているとみればよいだろうか。一つの例として、二〇一八年一月に十年ぶりに改訂が行なわれた『広辞苑』第七版（岩波書店）をみてみよう。

ロマンチック【romantic】①伝奇的。空想的。浪漫的。「—な物語」②雰囲気などの甘美なさま。「—な夜」

右の語釈中にはギリシャ・ローマに遡った説明もなければ、「文芸上の一主義」という説明もない。『普通術語辞彙』が「今日一般」と説明した語義がさらに一般化されているようにみえる。つまり、「ロマンチック」という語は、現在ではごく一般的に使われる語になっているということだ。このように、もともとは学術専門語であった語も、広く使われるようになることがある。専門性をある程度含みながら、広く使われる場合もあるし、専門性が稀薄になって広く使われるようになる場合もあるだろう。

話題を『大日本国語辞典』の「凡例」に戻そう。『大日本国語辞典』は、もともとは学術専門語であっても、外来語であっても、当時広く使われている語を見出しとして採用しようとしていると思われる。もちろんその判断は編集者である、上田万年、松井簡治という個人がしているわけであるが、「個人」はそのまま当該時期の他の日本語母語話者と日本語を共有しているので、あまり「個人」という「みかた」にとらわれる必要はない。

さて、明治三十八年に『普通術語辞彙』において見出しになっていた「ロマンチック」は、大正七年に刊行された『大日本国語辞典』において見出しになっていない。さらにいえば、昭和十年に刊行された『大言海』においても見出しになっていない。語義はともかくとして、語としての「ロマンチック」は、明治四十一（一九〇八）年に発表されている、夏目漱石『三四郎』にも、明治四十二年に発表されている、永井荷風『ふらんす物語』にも使われている。実際にはある程度にしても広く使われていると思われている「ロマンチック」のような語が当該時期に編集されている辞書の見出しになっていないことについては、辞書編集者の見出し採用方針による、とまずは言わざるをえない。しかしこのことをさらに考えれば、例えば『大日本国語辞典』は編集に十年ちかくかかっていることが「序文」から窺われる。とすると、大正七（一九一八）年の十年前、明治四十一年頃に編集が始められたことになる。そう考えると、「ロマンチック」は、まだようやく文学作品などで使われ始めた頃といえそうだ。

松井簡治は文久三（一八六三）年に下総国銚子（現在の千葉県銚子市）に生まれ、昭和二十（一九四五）年に死去している。松井簡治が『大日本国語辞典』編集の中心人物であった。そういういいかたがふさわしいかどうかは別として、文久三年に生まれているのだから、「江戸時代生まれ」と呼ぶことはできる。その「江戸時代生まれ」の松井簡治の言説「上古語・中古語・近古語・近代語・現代語其他普通の学術専門語、及び外来語の通用語となれるものは悉く之を収めたり」、特に「学術専門語、及び外来語の通用語とな」っているものは見出しとするという「方針」は注目したい。

「かん—」

例えば『大日本国語辞典』の「かん」（第一巻・九九八頁四段目から同巻一〇三一頁四段目）までをみると、次のような語が見出しになっていることがわかる。

かんいほけん　簡易保険（名）［商］
かんいんくわんいうざい　姦淫勧誘罪（名）［法］
かんいんざい　姦淫罪（名）［法］

かんゔぁす　（英 Canvas）（名）
かんえいじゅひん　艦営需品（名）
かんえつてんこ　簡閲点呼（名）
かんおうきでんき　感応起電機（名）［理］
かんおうこいる　（英 Induction coil）〔感応―〕（名）［理］
かんおうじき　感応磁気（名）［理］
かんかくちゅうすう　感覚中枢（名）［医］
かんかくはん　間隔犯（独 Distanzverbrechen）（名）［法］
かんかくろん　感覚論（英 Sensualism）（名）［哲］
かんがるー　（英 Kangaroo）（名）［動］
かんがろ　（名）［動］
かんごでんぱう　漢語電報（名）
かんせつせいさんひ　間接生産費（名）［経］
かんせんいうびん　艦船郵便（名）
かんにんぐ　（英 Cunning）（名）

第一巻の「凡例」に続く「略符」すなわち略符号の一覧内部は「品詞」「活用」「科学」「書名」と分けられている。すなわちいわゆる「学術専門語」は「科学」（用語）というくくりの中に入っていることがわかる。「科学」にあげられている「略符」は「語学」「法律」「経済」「商業」「哲学」「心理学」「宗教」「倫理学」「論理学」「動物学」「植物学」「生物学」「鉱物学」「生理学・解剖学」「天文学」「地文学・地理学・地質学・岩石学」「数学」の十七が示されている。傍点が「略符」で、「生理学・解剖学」の「略符」は「医」である。なお、「地文学（じぶんがく・じもんがく）」は地球に関する、天文、気象、海洋、火山、地震などのさまざまな現象についての学問のこと。このような分野における「学術専門語」が見出しとして採用されていることがわかる。これは現在でいえば、『広辞苑』『大辞林』『大辞泉』といった中型の国語辞書の編集方針にちかい。

右の見出しを『日本国語大辞典』の見出しと対照してみると、「カンインカンユウザイ（姦淫勧誘罪）」「カンエイジュヒン（艦営需品）」「カンオウキデンキ（感応起電機）」「カンオウコイル（感応コイル）」「カンカクハン（間隔犯）」「カンガロ」「カンゴデンポウ（漢語電報）」「カンセンユウビン（艦船郵便）」は見出しになっていない。つまり、『大日本国語辞典』が見出しにしていて、『日本国語大辞典』が見出しにしていない語はある、ということだ。『大日本国語辞典』を『日本国語大辞典』の「前身」とみる「みかた」がある。

しかし、右のようなことからいえば、(当たり前のことともいえようが)『大日本国語辞典』の見出しがそっくりそのまま『日本国語大辞典』の見出しになっているわけではない。そのことをどのように考えるか、ということは現代の大型国語辞書をどのように編集するかという「方針」と直結してくるだろう。過去に使われていた日本語はできる限り記録しておく、という「日本語アーカイブ」的な発想のもとに大型国語辞書を編むのであれば、『大日本国語辞典』が見出しにしていた語は(原則としてということにしても)すべて見出しにするという「方針」を採ることもあり得る。こうしたことについて具体的に考えてみよう。例えば右の見出しの中の「かんごでんぽう」は次のように説明されている。

かんごでんぽう　漢語電報(名)欧文電報の一。我が邦と清国及び香港との間、また内地と朝鮮との間にのみ限り発受する電報にて、電報新書又は電報新編により阿刺比亜数字四箇の聯集を以て書載し、一聯集を一語と計算するもの。

右の説明はわかりやすいとはいえない。しかし文字列「かんごでんぽう(漢語電報)」でジャパンナレッジが提供しているすべてのコンテンツに検索をかけても何もヒットしない。ジャパンナレッジのコンテンツが万能ということにはならないだろうが、それでも、現在蓄積されている「情報」のかなりの部分に検索をかけていることにはなるだろう。インターネットを丁寧に探っていけば、情報を得られる可能性はあるだろう。しかし、この「カンゴデンポウ（漢語電報）」という語の「情報」は現在の「情報」の奥深いところにいってしまっているようにみえる。そうだったとして、ここで考え方は二つに分かれる。そうだから、現在（以降）編集される辞書には必要のない「情報」だという「考え方」と、そうだから、積極的に記しとどめておく価値がある「情報」だという「考え方」である。両者は基づいていることがらが同じであるが、「だからどうする」の「どうする」がいわば正反対になっている。こういうことは今後増えていくのではないだろうか。「基づいていることがら」がまったく異なるから、そこから導き出されることがらがまったく異なるというのは、むしろ当然のことで、そうではなくて、同じことがらを起点にした「考え方／判断」がまったく異なるという場合は「調整」がむずかしい。

見出し「かんがろ」は「かんがるー・の異名」と説明されている。この「カンガロ」も『日本国語大辞典』が見出しにしていない。「カンガルー」の異語形といえる「カンガロ」はどのような文献で使われていたのだろうか。興味深い。こうした語も次第に日本語の表層から消えていく語といってよいだろう。近い過去の丁寧な観察はいろいろなことを考えさせる。

2 いろいろな辞書を読む

明治末期から大正期、昭和初期にかけては国語辞書以外に、さまざまな辞書が編まれた時期でもあった。具体的な名称をあげてみよう。

『ポケット顧問 や、此は便利だ』（一九一四年、平凡社）
『訂正増補 新らしい言葉の字引』（一九一八年、実業之日本社）
『袖珍新聞語辞典』（一九一九年、東京堂）
『新しい主義学説の字引』（一九二〇年、実業之日本社）
『デエリー新文化語辞典』（一九二六年、啓明社）
『モダン語百科辞典』（一九三二年、中村書店）

『ポケット顧問 や、此は便利だ』を読む

ここでは筆者が所持している、大正四（一九一五）年五月五日に出版されている増訂二十版を使用する。「例言」には「日常の談話に上り、新聞・雑誌に現わるる新意語・流行

語・故事熟語等の中、やや難解のものを蒐《あつ》めて簡明に解説を試み」たと述べられている。また「本書は一種の社会語・常識語の辞書というを得べきも、素《もと》より普通索引附の辞書にはあらず、目次を索《さぐ》りて、何れの項を繙くも、よく興味を以て読了し得るよう組織したるを特色とす」とも述べられており、「読み物」としても使うことができるように、という工夫がされていることが窺われる。

内部は「第一編　新聞語解説」「第二編　実用熟語成句便覧」「第三編　実用文字便覧」「第四編　雑」と分けられており、第三編、第四編は実際に文章を書くにあたっての「便覧」のようになっている。第一編の内部は「其一　最新の術語並に流行語」「其二　常用の翻訳語・外来語・新意語」「其三　正面からでは意味のとれぬ現代式転用語」と分けられている。

第一編の「其一　最新の術語並に流行語」に挙げられている見出しを幾つか示してみよう。本書で採りあげてきたことがらにかかわる見出しをあげた。

新しい女（一）従来、男子に対して、絶対的に、盲従し来れる境遇より覚めて、婦人も人間である、人間である以上、人間（人格）として取扱われたいとの要求の下に、自覚的に活動せんとする婦人の総称。（二）右の如き真面目なる主義主張のあるではなく、徒らに、現在の不健全なる言論に煽動《おだて》られて、徒に奇を衒い、新を喜び、我がまま勝手なる振舞を敢てして得意がる一群の婦人を侮蔑的意味で呼ぶ語。（婦人問題を看よ）（一）を「覚めた女」などともいう。

世界語《エスペラント》（Esperanto.）エスペラントは、本来は希望ある人の義。そして、此の名は発明者その人が始めて雑誌に之を発表した時の匿名をそのまま用いたのである。一種の万国共通語で、ポーランドの医師ザーメンホフの創意にかかり、フランス人のボーフロンが修正大成したものである。近時、世界各国の学者間に盛に行われて居る。我が国に於ても、之が研究者は乏しくない。

ガール・スカウツ（Girl-scouts.）少女斥候隊。少女兵団。少女義勇団などいう。ボーイ・スカウツに倣いて、少女にも硬教育を与え、社会生活の意義を理解せしめんとする新運動。（ボーイ・スカウツを看よ）

進化論（Evolutionism.）昔は、此の宇宙は神様が作られたもの（宇宙創造説）だと信じて居た。然るに、十九世紀に至りて、かかる迷妄なる古代思想を打破し、一切の生物は簡単より複雑に、分化なき生物より、分化ある構造の生物に、粗より精に進むことを実験の上より説明したのが進化論である。但し、此の変化を誘起する原因、及び進化の経路の説明に至りては、学者の説く所必ずしも一定しない。ダウヰンは自然淘汰を以て之を説明し、ラマルクは用不用を以て之を説明する。ダウヰン一たび進化説を唱述してより、従来、形而上学と称せられたる哲学・心理学・美学の如き、皆、進化論の基礎より説明せんとするに至り、ここに一切の学術を殆ど一新するに至った。近代思想の根柢に横われる自然科学的傾向、実証的傾向は、総て此の進化論より覚醒し来れる一傾向とも見ることが出来る。

デカダン（仏―Decadents）近代文明の産出せる神経衰弱的頽廃的傾向をいう。此の傾向に囚われたる人物は、近代文学者の好んで扱う所。主義的にして傲慢なれども意志弱く、気分によって右し左し、精神、常に、動揺して定所なく敏感にして、心身共に病的に、常識を逸し、自己の生活活動を十分統一することが出来ない。

デパートメント・ストアー（Department-store）百貨商店の義。一商店或は商社内に幾多の部局を設け、百般の需用品を分配して販売するをいう、一店に於て百般の需用品を買い得るは通常の勧工場と同じだが、勧工場は、各局部の独立せるに反してデパートメント・ストアーは一人の首脳者によりて統轄せられる点が異う。東京三越の如きは、一種のデパートメント、ストアーである。

ブリュー・ストッキング（Blue stocking）訳して、青鞜の文字を充てる。千七百五十年の頃、倫敦にて文学美術に関する会合あり、時に、一人の流行児《はやりつこ》が、青い靴下を穿いて此の会合に加って以来、此の会員殊に女流作家を青鞜《ブリユーストツキング》と綽名したが始めで、後、一般の女流文学者をもそう呼ぶようになった。我が国の新しい女の一群は、此の名をとって、青鞜社と称する団体を組織し、機関雑誌「青鞜」を発行して居る。

『日本国語大辞典』は見出し「ガールスカウト」を「（〈アメリカ〉Girl Scouts から）心身の鍛錬を通して少女の健全育成を企図した団体。一九一〇年イギリスのベーデン＝ポーエルが「ガールガイド」として創始。「ガールスカウト」はアメリカでの呼称。わが国では大正八年（一九一九）日本女子補導団として結成。太平洋戦争中解散、昭和二四年（一九四九）ガールスカウトとして再発足した。対象は六〜一八歳。日本では年齢によって「ブラウニー」（〜小学三年生）、「ジュニア」（小学校四〜六年生）、「シニア」（中学生）、

「レンジャー」（高校生）に分かれる」と説明し、使用例として「＊や、此は便利だ（19
14）一・一「ガール・スカウツ Girl-scouts 少女斥候隊。少女兵団。少女義勇団などい
ふ。ボーイ・スカウツに倣ひて、少女にも硬教育を与へ、社会生活の意義を理解せしめん
とする新運動」」を示す。しかしながら、「少女斥候隊」「少女兵団」「少女義勇団」という
語はこの使用例以外にはあげられていない。こうした語はひろく使われていたのか、それ
とも『や、此は便利だ』の編集者の造語なのだろうか。そういうことも気になる。

『デエリー新文化語辞典』を読む

「凡例」には「本書は最近活用せられつつある新語を広く蒐集し加うるに現時好評を博
しつつある類書中の夫《そ》れを社会相に映して取捨し以て新文化語の一大殿堂をなさむことを
期した」と記されている。

1　アカバイ（赤バイ）警視庁のオートバイのこと。即赤色に塗られてあるから始まっ
たのである。

2　アサクサシキ（浅草式）野卑低級、強烈な色彩で人にあくどい感じを与えたり挑発
的な気分を与えること。

3 アタラシイオンナ（新しい女）英国の自由思想を求める新しい女から始り、習慣伝統、束縛拘束を捨てて自己の慾望を遺憾なく発揮する女を意味する。

4 アナウンサー Announcer（英）アンナウンサーが正音である。アンナウンスは告げ知らすとか、発表するとかいう意味で、アンナウンサーは告知する人ということになる。近来無線電話放送の時「コレカラ演芸放送をいたします」という様なことを知らせる人のこと。

5 アパートメント Apartment（英）部屋、座敷、居間、室等の意味。建築上でアパートメントと云えば独立した幾組かの室をもった長屋のことで、蜂窩家屋《アパートメントハウス》という漢字をあてはめている。

6 アマグリ（甘栗）熱砂の中に栗を入れて熬ったもの。大正初年頃から都人士の賞美したもので、最初は横浜支那人街から来たもの。支那山東方面の名物である。

7 アルパインモヤウ（―模様）アルプス山より採集した植物を模様化したもの。強烈で鮮麗な色彩を応じた図案。近来登山熱の盛になったにつれ流行し出したもの。例えばイワカガミ、ウスウ[ママ]キソウ、ミヤマカエデなどといったような高山植物を模様化したものである。

8 アンテナ Antenna（英）無線電信及び無綿電話を使用せんとするとき、その電気を感受せんがため空中高く張る空中線のこと。この英語は元来昆虫の触角ということであるが、空中線が丁度触角の様な働をなす計りでなく、その格好もチョット似ているので呼ぶ様になったものである。近来はラジオ大流行の時であるから、都会といわず、田舎といわず各処にアンテナが見える様になった。（筆者注：「綿」は「線」の誤植であろう）

9　イルミネーション　Illumination（英）灯火装飾。又転じて若い女が指環を数多く嵌めているのを嘲っていう。又禿頭をもいうことがある。

10　エスカレーター　Escalator（英）電気仕掛の昇降機で、エレヴエーターの如きものであるが、稍々彼と異り階級装置その儘で自働的に昇降されるもの。

大正末年（一九二六年）頃のことを窺うのには格好の「読み物」といってよい。びっくりするようなことも少なくない。「アカバイ」には驚くが、「アンナウンサー」が正音である」にもびっくりする。見出し「アパートメント」の説明中にみられる漢字列「蜂窩家屋」は「ホウカカオク」という語に対応しているのだろうか。『日本国語大辞典』中にはこの漢字列はみられないと思われる。「アマグリ」が大正初年頃から流行したということも知らなかった。「イルミネーション」の転義、比喩的語義も知らなかった。『日本国語大辞典』の見出し「イルミネーション」にもこうした語義の記述はみられない。「エスカレーター」の説明中にある「階級」は「カイダン（階段）」のこと。『日本国語大辞典』は「アルパインモヨウ」を見出しにしていない。

『デエリー新文化語辞典』のような辞書体資料をみて、びっくりすることがあるということは、それだけ知らないことがあるということであり、現在とそれだけ隔たっているということでもある。しかしその一方で、江戸時代の辞書を読んだり、明治時代に書かれた漢文を読むことを考えれば、ずっと気軽に読むことができる。本書でも繰り返し述べてきたが、「近い過去」は大枠としては現在との連続性の中にある。だから、わかりやすい。しかし、本書で述べてきたように、案外と不連続な点もある。明治時代がちょっと馴染みにくいのであれば、まずは大正時代に目を向けて、そこを「ステップ」にして明治時代にチャレンジしてみてもよいかもしれない。「近い過去の観察」にはこういうおもしろさがある。

明治期と対照して大正期、それに続く昭和期とを捉えると、やはり漢語の使用が整理されていくということがありそうだ。明治期から大正初期頃にかけて使われていた漢語は大正期に淘汰され始める。そのように大正期を捉えると、そうした意味合いにおいて、一九二〇年代頃は現代につながる。

言語は社会のありかた、文化のありかたと密接にかかわる。社会生活、日常生活が変わるとそれにともなって、使っている言語も変わる。新しいモノがうまれれば、その「モノ」にかかわる語もうまれる。携帯電話がうまれ、スマートフォンがうまれることによって、携帯電話やスマートフォンにかかわる語がたくさん発生する。一九二〇年頃は現在の日常生活につながるような「モノ」が揃い、制度が整えられてきた時期でもある。

明治期にも「ゲッキュウトリ（月給取）」はいた。それが「サラリーマン」として一つの社会層を形成するようになったのが大正時代であった。語としての「サラリーマン」も大正時代から使われ始め、昭和初期にはひろく使われるようになった。『日本国語大辞典』は、見出し「サラリーマン」において、谷崎潤一郎の「痴人の愛」と川端康成の「浅草日記」の使用例を示している。前者は大正十三（一九二四）年から翌年にかけて書かれ、後者は昭和五（一九三〇）年に発表されている。

社会の変化にともなっていろいろな場面で使われ始めた「新語」は新奇な語として当時の日本語使用者に意識されたのではないだろうか。そのために、新語辞典のような体をなす辞書が次々と編まれた。「いろいろな場面」はいろいろな分野でもあり、それは専門用語にちかいものであることもあっただろう。「新語」の外側には学術専門用語があり、内側には俗語、隠語があったとみれば、やはり「多様性」ということになる。こうした「構図」そのものは、一九二〇年頃に限ったことではないが、それがより顕著であったように思われる。さまざまな辞書を読んでみることによって、そうした「多様性」が実感できるし、また現在とのつながりも感じることができる。

第五章　戦争を語る日本語

1　日露戦争の日本語

本書は明治三十五（一九〇二）年から昭和五（一九三〇）年までの間を採りあげる。この間、さまざまな戦争があり、それがいろいろなかたちで「語られて」いる。ここでは「戦争を語る日本語」という観点からこの間の日本語について考えてみたいが、具体的には日露戦争を採りあげることにする。

「三国干渉」の情報回路

明治二十八（一八九五）年四月十七日、日本と清国との講和条約が調印される。調印後の四月二十三日には、ロシア・ドイツ・フランスの三国がこの講和条約による遼東半島の「割与」に異議を唱え、日本政府に遼東半島の放棄を勧告する、いわゆる「三国干渉」を行なう。日本は五月四日にこの勧告を受諾する。

ロシアは明治三十一（一八九八）年に遼東半島を租借し、明治三十三年の北清事変に際して大軍を投入して満州を占領するに至る。明治三十五（一九〇二）年一月三十日には、日本とイギリスとの間で日英同盟協約が締結される。

ロシアは清国と満州還附条約を結ぶが、満州から兵をひかなかった。日本においては、明治三十七年一月十二日に、ロシアから日本が納得できるような回答が得られない場合にはロシアに対して開戦することが決定された。

一月十二日の『東京朝日新聞』の朝刊には「路透電報（上海経由）」という欄において「時局」という見出しのもと「ペキンより来りたる信ずべき外交上の報道に依れば露国の日本に対する返答は穏和的の句調なれども其実質に於て不満足のものなり日本は戦備を完成せんが為め猶お此上延期を希望し居れり故に露国との交渉を継続せり而して春期前に戦争あらんとの見込益々強固なり」という記事が載せられている。

「路透」はロイター（Reuters）で、『東京朝日新聞』では、「我政府が去る十三日を以て露国に致したる最後警告の内容は、我国民の未だ知らざる間に、早く路透《ルーター》電報に依りて伝えられたり」のように「ルーター」と振仮名を施している記事（一月二十二日）もある。上海経由で、しかもロイター通信の情報によって、ロシアが日本に対して行なった「返答」を知り、それが日本の新聞に載せられているということで、複雑な「回路」を使って「情報」を得ていることがわかる。

宣戦の詔勅の日本語

結局、明治三十七（一九〇四）年二月五日には作戦開始命令がだされ、二月八日に、陸軍の先遣部隊が仁川上陸を開始し、海軍は旅順のロシア艦隊を攻撃する。正式な宣戦布告は二月十日になる。二月十日の『官報　号外』には「対露宣戦の詔勅」（露国ニ対スル宣戦ノ詔勅）が掲載されている。かなづかいを保存し、漢字字体もできるだけ保存して引用する。

詔勅

天佑ヲ保有シ萬世一系ノ皇祚ヲ踐《ふ》メル大日本帝國皇帝ハ忠實勇武ナル汝有衆ニ示ス

朕茲《ここ》ニ露國ニ對シテ戰ヲ宣ス朕カ陸海軍ハ宜《よろし》ク全力ヲ極メテ露國ト交戰ノ事ニ從フヘク朕カ百僚有司ハ宜ク各々其ノ職務ニ率《したが》ヒ其ノ權能ニ應シテ國家ノ目的ヲ達スルニ努

力スヘシ凡《およ》ソ國際條規ノ範圍ニ於テ一切ノ手段ヲ盡《つく》シ遺算ナカラムコトヲ期セヨ
惟《おも》フニ文明ヲ平和ニ求メ列國ト友誼ヲ篤クシテ以テ東洋ノ治安ヲ永遠ニ維持シ各國ノ權利利益ヲ損傷セスシテ永ク帝國ノ安全ヲ將來ニ保障スヘキ事態ヲ確立スルハ朕夙《つと》ニ以テ國交ノ要義ト爲シ旦暮敢テ違ハサラムコトヲ期ス朕カ有司モ亦《また》能ク朕カ意ヲ體シテ事ニ從ヒ列國トノ關係年ヲ逐《お》フテ益々親厚ニ赴クヲ見ル今不幸ニシテ露國ト釁端ヲ開クニ至ル豈朕カ志ナラムヤ
帝國ノ重ヲ韓國ノ保全ニ置クヤ一日ノ故ニ非ス是レ兩國累世ノ關係ニ因ルノミナラス韓國ノ存亡ハ實ニ帝國安危ノ繫ル所タレハナリ然ルニ露國ハ其ノ清國トノ明約及列國ニ對スル累次ノ宣言ニ拘ハラス依然滿洲ニ占據シ益々其ノ地歩ヲ鞏固ニシテ終ニ之ヲ併呑セムトス若シ滿洲ニシテ露國ノ領有ニ歸セン乎韓國ノ保全ハ支持スルニ由ナク極東ノ平和亦素ヨリ望ムヘカラス故ニ朕ハ此ノ機ニ際シ切ニ妥協ニ由テ時局ヲ解決シ以テ平和ヲ恆久ニ維持セムコトヲ期シ有司ヲシテ露國ニ提議シ半歳ノ久シキニ亙リテ屢次折衝ヲ重ネシメタルモ露國ハ一モ交讓ノ精神ヲ以テ之ヲ迎ヘス曠日彌久徒ニ時局ノ解決ヲ遷延セシメ陽ニ平和ヲ唱道シ陰ニ海陸ノ軍備ヲ增大シ以テ我ヲ屈從セシメムトス凡ソ露國カ始ヨリ平和ヲ好愛スルノ誠意ナルモノ毫モ認ムルニ由ナシ露國ハ既ニ帝國ノ提議ヲ容レス韓國ノ安全ハ方ニ危急ニ瀕シ帝國ノ國利ハ將ニ侵迫セラレムトス事

既ニ茲ニ至ル帝國カ平和ノ交渉ニ依リ求メムトシタル將來ノ保障ハ今日之ヲ旗鼓ノ間ニ求ムルノ外ナシ朕ハ汝有衆ノ忠實勇武ナルニ倚頼シ速ニ平和ヲ永遠ニ克復シ以テ帝國ノ光榮ヲ保全セムコトヲ期ス

御名　御璽

明治三十七年二月十日

内閣總理大臣兼
内務大臣　伯爵桂　太郎
海軍大臣　男爵山本權兵衞
農商務大臣　男爵清浦奎吾
大藏大臣　男爵曾禰荒助
外務大臣　男爵小村壽太郎
陸軍大臣　寺内正毅
司法大臣　波田野敬直
遞信大臣　大浦兼武
文部大臣　久保田讓

この詔勅は、日露戦争に際して出版されていた雑誌に掲載されることが多かった。例えば、『日露大戦争記』第一号（一九〇四年二月、東京大学館）では池田錦水の「創刊の辞」の裏ページに全文が掲載されている。また、『日露戦争詳報』第一号（一九〇四年二月、東京兵事雑誌社）においては、「本文」の前に赤字によって印刷された「詔勅」が全文掲載されている。

「詔勅」を「日本語」という観点からみれば、まずは「漢字片仮名交じり＋無濁点」という「表記体」で文字化されていることに注目したい。「表記体」は漢字、仮名（平仮名・片仮名）等を使ってどのように書かれているかということをあらわす概念、「文字化」は言語をどのように文字であらわすかという概念である。「詔勅」という、フォーマリティ＝改まり度・公《おおやけ》性がもっとも高いと思われる文章の採用している「表記体」は当該時期において、もっともフォーマルな「表記体」であるとみるのが自然だろう。「漢字片仮名交じり＋無濁点」がこの時期の「もっともフォーマルな表記体」であったことをおさえておきたい。先に指摘した『日露大戦争記』も『日露戦争詳報』も、右に引用した「漢字片仮名交じり＋無濁点」で掲載している。

ところが（といっておくが）、明治期の新聞記事などを「纂録した」ことを謳う『新聞集成明治編年史』第十二巻（一九三四年、一九六〇年再版、財政経済学会）の例言は右の「詔勅」を「漢字片仮名交じり＋濁点・句読点使用」のかたちで載せている。再版が出版された一九六〇年は、筆者二歳の年で、今からすでに六十年前にあたる。長いスパンで歴史をとらえる場合には、六十年は長くはない。しかし、三十年で一世代が交代していくというようにみなせば、二世代前、ごく一般的にみても六十年は「最近」とはいいにくい。六十年前に出版された『新聞集成明治編年史』をとおして、「露国ニ対スル宣戦ノ詔勅」をみた場合、それが一九〇四年にだされた「詔勅」そのものだと思いやすいのではないだろうか。しかし、右で述べたように、『新聞集成明治編年史』が載せているものは、一九〇四年にだされた「詔勅」そのものではない。疑うことなく「情報」を受け入れることによって、「情報」のそもそものかたちが曖昧になる。右の「詔勅」に関していえば、濁点及び句読点を使うかどうかということであるので、「ささいなこと」と思う方もいるかもしれない。それを「ささいなこと」とみることもできる。あるいは右のような話題を「理屈っぽい」と感じる方もいるだろう。しかしどのようなことが「ささいなこと」でどのようなことが「大事なこと」かということについてだって、初めから決まっているわけではない。

　基本的に、過去に遡れば遡るほど、その時期に関しての「情報」が少なくなっていく。文字を使っていなかった縄文時代について、その時代に記された文字情報はない。縄文時代について得られる、文字以外の限定された「情報」を組み合わせて、推測していくしかない。ある程度の「情報」に基づいている「推測」であれば、その「情報」からそのように「推測」することに無理がないかどうかを推測した人以外の人＝第三者が検証することもできる。しかし、「情報」に基づかない「推測」は「推測」というよりも「想像」、あえていえば「妄想」に近づいてしまう。筆者は「想像」や「妄想」を否定しない。しかし、「推測」と「想像・妄想」とをはっきりと分けて認識しておく必要はある。

さて、百年前はいわば「近過去」だから「情報」は多く残っている。多く残っている「情報」を使って、ヒトは百年前をどのように「認知」しやすいかを検証しておくことには一定の意義があると考える。その（比較的たしかと思われる）「検証」によって、ヒトの「認知傾向」をたしかめておくということだ。

詔勅の語彙

「詔勅」に使われている語についてもみておきたい。例えば「汝有衆」とある、「ユウシュウ（有衆）」を『日本国語大辞典』で調べてみると、「国民。朝廷また君主から人民を呼ぶ称」と説明され、「国会開設の勅諭‐明治一四年〔1881〕一〇月一二日「爾有衆、亦朕か心を諒とせん」」と「書経‐泰誓「以㆓爾有衆㆒底㆓天之罰㆒」」とが使用例として示されている。つまり「ユウシュウ（有衆）」は『書経』で使われるような古典中国語で、明治十四（一八八一）年の「国会開設の勅諭」でも使われている語であった。『広辞苑』第七版（二〇一八年、岩波書店）はこの語を見出しにして「国民。人民」とごくあっさりと説明している。『広辞苑』は中型辞書であるが、同じ岩波書店から出版されている国語辞書であっても、小型辞書である『岩波国語辞典』第七版新版（二〇一一年）においては、「ユウシュウ（有衆）」は見出しになっていない。そのことからいえることは、「ユウシュウ（有衆）」は小型の国語辞書が見出しにするような語ではないということのみであるが、それは日常的な言語生活で頻繁に接するような語ではないということをおそらく含意しているだろう。

「朕カ百僚有司ハ宜ク各々其ノ職務ニ率ヒ其ノ権能ニ応シテ国家ノ目的ヲ達スルニ努力スヘシ」の「百僚」は〈官職にあるすべての人々〉、「有司」は〈官吏〉のことで、「其ノ職務ニ率ヒ」と「其ノ権能ニ応シテ」とは対句表現になっている。現代においては、対句表現など、はやらないといえばはやらないが、「書きことば」において、「情報」を構造的に提示するということに関していえば、効果的な面がある。「遺算」は『周書』においても使われている古典中国語「イサン」であるが、〈ておち・計算違い〉というような語義をもつ漢語である。

「釁端」の「釁」には〈犠牲の血を塗る〉という字義があり、「キンタン（釁端）」は「釁隙（きんげき）を起こす端緒。相互の感情などに、すきまを生じるいとぐち。不和のいとぐち。あらそいのもと。戦端」（『日本国語大辞典』）という語義をもつ漢語である。この語は昭和十六（一九四一）年の「米国及び英国に対する宣戦の詔書」においても使われている。

「曠日弥久」は『韓非子』で使われている古典中国語「コウジツビキュウ」であるが、『日本国語大辞典』は「むなしく日々を送って、事を長びかせ、ひまどること。いつまでもむだに日を過ごすこと。曠日持久。曠久」と語義を説明している。この語は頼山陽（一七八一～一八三二）の『日本外史』で使われている。

中国の古典に使われた語は頼山陽『日本外史』に自然に「流れこみ」、その『日本外史』を口ずさむような言語生活を送った人が詔勅を起草すれば、そうした言語生活を何らかのかたちで反映した「詔勅草案」ができあがる。それが「詔勅」として公布されれば、その「詔勅」は以後、「詔勅」の雛形として使われることになる。こうして、一つの表現が繰り返し使われるようになる。今ここでは、日露戦争という具体的な戦争をめぐって、その戦争がどのような日本語で語られていたか、ということを観察してみようとしているわけであるが、その日本語は日露戦争まで、どのように使われてきたか、という観点も必要であるし、日露戦争後、どのように使われるようになっていったか、という観点も必要であろう。

「倚頼」は「依頼」と同じ。「詔勅」が「忠実勇武ナル汝有衆」で始まり、「汝有衆ノ忠実勇武ナル」で終わることが目を惹く。

新聞・雑誌の戦争報道

『大阪朝日新聞』の、二月十日の第二号外には「露艦撃沈せらる　九日午前四時旅順口にて露国戦闘艦二隻、装甲巡洋艦一隻を我水雷艇にて撃沈めたり委細次電」とあり、号外を含めて、戦争についての記事が、毎日、各新聞に載せられるようになっていく。「旅順口」の戦闘においては、被弾したロシアの航洋砲艦「コレーエツ」は拿捕《だほ》を防ぐために港内で爆破され、防護巡洋艦「ヴァリャーグ」も自沈したことがわかっている。

例えば『日露大戦争記』（東京大学館）のように、戦争の記録をむねとする雑誌においては、「仁川海戦」がどのように展開したかということを記事としている。「敵艦の粉砕沈没」という見出しの記事には次のようにある。

我軍の激烈なる砲撃に遇いて、大破損を受けたる敵艦は、一旦月尾島の蔭に逃げ込みたるが、コレーツ号は四時三分に至りて終に粉砕しワリヤーグ号は六時十五分に至りて全く沈没せり。加之《しかのみならず》仁川碇泊中なりし露国汽船スンガリー又火災にて破滅に帰したるは、以て我軍の奈何に精鋭勇猛なるかを証するに余りありと云うべく、これを聞く者、誰か壮絶、快絶を呼ばざるを得ん。

傍線を施した箇所の活字はことさら大きく印刷されている。一つの記事に使う活字の大きさを変えるということも行なわれていたことがわかる。

2 日露戦争と雑誌の言説

日清戦争に際しても、いわゆる「戦争雑誌」は出版されていたが、それは必ずしも多いわけではなかった。日露戦争においては、さまざまな「戦争雑誌」が出版された。

博文館の『日露戦争実記』は毎月三回、春陽堂の『日露交戦録』は毎月六回（！）、冨山房の『日露戦報』は毎月三回、東京大学館の『日露大戦争記』は毎月三回、兵事雑誌社の『日露戦争詳報』は毎月二回、毎土曜日には軍事画報社の『軍事画報』、新声社の『露戦争実記』は毎月五回、郁文舎の『少年日露戦記』は毎月三回といったように、多くの「戦争雑誌」が出版されていった。

『日露戦報』は当初「児童教育」を角書きにしていたが、明治三十七年になると『軍国画報』というタイトルの定期増刊号を出版する。図５―１は明治三十七年九月三日に刊行されている『軍国画報』第六巻であるが、裏表紙上部には「日露戦報改題通刊第二十一号」とあり、『日露戦報』が改題して『軍国画報』になったようにみえる。

図５―１

メディアとしての「画報」

『軍国画報』第六巻表紙上部には「THE PICTORIAL REPORTS OF THE RUSSO-JAPANESE WAR.」とあって、日露戦争に特化されたものであることもわかる。巻頭言のようなかたちで、次のように記されている。

丹青の妙と写真の珍と文章の精とを以て、古今未曾有の時局を、表裏縦横に描出して、子孫後世の紀念画帖たらしめんことを理想とせる軍国画報は、　皇軍の連捷、万歳の声裡、早くも第六巻に進めり。　例に由って絵画は嶄新精妙、写真は珍物稀品、文章は清新軽快、巻を逐うに従って益々妙境に向う。茲に特筆大書すべきことは、本画報が　皇后陛下の叡覧に上りたる一事なり。　要は本巻記事中にあり。　嗚呼本誌の光栄も亦大ならずや。　本誌は誠恐感奮措く所を知らず、爾来更に発奮励精、愈々益々誌上の改良進歩を謀りて以て此の無上の光栄を永なえに持ち、当初の理想を現実にせんことを期す。

「ジキョク（時局）」は明治三十七年二月十日の「対露宣戦の詔勅」において、「故ニ朕ハ此ノ機ニ際シ、切ニ妥協ニ由テ時局ヲ解決シ、以テ平和ヲ恒久ニ維持セムコトヲ期シ、有司ヲシテ露国ニ提議シ、半歳ノ久シキニ亘リテ屢次折衝ヲ重ネシメタルモ、露国ハ一モ交譲ノ精神ヲ以テ之ヲ迎ヘズ」と使われている語である。

『日本国語大辞典』は「ジキョク（時局）」を「時世の局面。時代のありさま。時勢のなりゆき。世局」と説明しているが、右に引用した詔勅に「時局ヲ解決シ」とあることからすれば、単に「時世の局面」ということではなく、何らかの困難さを含んだ「局面」であると思われる。

『家庭画報』というタイトルの雑誌が現在世界文化社から発行されている。創刊は昭和三十三（一九五八）年二月で、六十年以上刊行され続けている。またハースト婦人画報社から『婦人画報』というタイトルの雑誌が発行されている。『婦人画報』は明治三十八（一九〇五）年に、後に婦人画報社と名称を変える近事画報社から創刊されている。

図5―1の表紙上部にある「PICTORIAL REPORTS」が「画報」と対応していると思われるが、明治三十六（一九〇三）年三月には『東洋画報』という、タイトルに「画報」を含む月刊のグラフ雑誌が矢野龍渓を顧問とする敬業社という出版社から国木田独歩を編集長として刊行を開始している。しかし雑誌が思わしくなかったために、同年九月から、矢野龍渓が社長となって近事画報社を設立し、雑誌名を『近事画報』と変えた。

日露戦争が開戦した一九〇四年には、刊行回数を月一回から月三回にし、雑誌名も『戦時画報』と変える。日露戦争が終わると『戦時画報』は売れなくなり、一九〇六年には近時画報社は解散する。

国木田独歩は『国民新聞』の記者であった一八九四年に起こった日清戦争の際に海軍従

軍記者として戦地に趣き、弟収二にあてた体《てい》の「愛弟通信」を発表して有名になる。一九〇六年初頭には、子供向けの『少年知識画報』『少女知識画報』、ビジネス雑誌『実業画報』などを企画、創刊しているが、そうした中に『婦人画報』も含まれていた。スポーツと娯楽のための雑誌『遊楽画報』もある。

『日本国語大辞典』の見出し「がほう〔画報〕」には次のようにある。

がほう【画報】〔名〕絵画や写真を主として編集した雑誌や刊行物。＊田舎教師〔1909〕〈田山花袋〉五〇「荻生さんから借りた戦争画報を二、三冊又借して遣ったが」＊ブウランジェ将軍の悲劇〔1935〜36〕〈大仏次郎〉ナポレオンの夢・三「その頃ジェロオムと云ふ匿名で或る画報に評論を書いてゐたアナトオル・フランスも」

使用例の初めには一九〇九年に発表された、田山花袋の『田舎教師』があげられているが、『軍国画報』の出版はそれよりも前のことになる。筆者が子供の頃には『少年画報』（少年画報社）というタイトルの雑誌があったことを思い出した。「マグマ大使」や「怪物くん」はこの雑誌に発表されている。調べてみると一九七一年には『少年キング』に合併していたので、筆者が中学生になる頃にはすでになくなっていたことになる。

「画報」を謳う『軍国画報』においては、半分以上のページが「絵画及写真」で占められている。例えば、巻頭ちかくに置かれている「満州丸観戦員一行東郷司令長官を訪う」と題された「絵画」は「石版十二回額面用二枚大」で、「小林習古画」だ。

「ガホウ（画報）」は「絵画及写真」をもって、情報を報じるということであって、言語をもって報じるよりも、「情報の受け手」の「視覚的イメージ」に強く訴えかけるという面があったと思われる。そうした意味合いにおいて「画報」は新しいメディアであったといえよう。

次には「画報」ではないものとして、育英舎が毎月一回発行していた『日露戦争実記　戦争文学』第一年七月之巻（明治三十七年七月十五日発行。図5―2）を採りあげてみよう。

図5―2

『日露戦争実記 戦争文学』を読む

この号は表紙見返しに「第二回／懸賞小説募集」とある。「材料は戦争に関せるものに限る」とあり、「制限」には「一枚二十字詰二十行詰二十枚以上五十枚以下一人一篇に限る」とある。四百字詰め原稿用紙二十枚から五十枚、字数にして八千字から二万字までであるので、まずまずの長さであることになる。実際にこの号には「懸賞当選小説」として菱川淡水「遺物の一品」が載せられている。「目次」の次のページには「戦争文学募集」とあって、「戦争に関したる」和歌、新体詩、俳句そして「軍国小話」を募集している。和歌の選者は佐佐木信綱、新体詩は山本露葉、俳句は内藤鳴雪である。「軍国小話」については「軍人の逸事、遺族の行為、等にして詩的趣味あるものを求む」と記されている。

このように、メディアとしての雑誌が戦争に関する言説で埋められることによって、日常的な言語空間がそうしたものに変わっていくことはいうまでもない。それは「人為的に作られた言語空間」といってよい。

「講演」として「日露戦争実記」の第三回の記事が載せられている。講演者として「桃川実」の名があげられ、それに続いて「今村次郎速記」とある。桃川実《みのる》（一八四六～一九〇五）は、明治時代の講談師で、明治三十二年に、桃川燕林から桃川実に改名している。

今村次郎の速記で、多くの講談本を出版している。雑誌の一八三ページには次のような記事が載せられている。

桃川実の従軍

本誌講演欄の演者桃川実は、材料蒐集のため自転車工に身を窶《やつ》し、大山《おおやま》満州軍総司令官の一行に従いて去る六日某地へ向け出発したり。出発に臨んで歌うて曰く

年よりの冷水ながら此たびは

薬缶も煮える満州の昼

本誌に掲ぐる日露戦争実記は、既に数回分を速記しあれば、中途休掲《きゅうけい》せざるは勿論、帰朝後は見聞に基きて一層興味を加うるに至るべし。

この「七月之巻」は「明治三十七年七月十五日発行」と表紙に印刷してある。「去る六日」が明治三十七年七月六日であるならば、この号に載せられている「講演」は桃川実の実体験に基づくものではないことになる。その場合は、何らかの「情報」に基づいた、講談師桃川実の「講演」を速記者今村次郎が速記し、それを活字化したものが雑誌『戦争文学』に載せられていることになる。したがって、「何らかの情報」→「講演・はなしこと

ば」→「速記：書きことば」→「雑誌記事」のように言語態を変えていることになる。

では、「講演」を読んでみよう。「雑誌記事」の漢字にはすべて振仮名が施されているが、引用に際しては必要と思われる振仮名のみを残し他は省いた。

今回は先ず浦塩斯徳《うらじおすとつく》威嚇砲撃の実況から申し上げます。御案内の通り、浦港《うらじお》は露西《ろし》亜《あ》の東洋唯一の軍港でございます。旅順口は固《もと》より支那の物で、今でこそ露西亜が宜《い》い子の面《つら》をして茲《ここ》を自分の軍港にして、要害も厳重にいたし、戦争《いくさ》をして居《い》るような物の、元を糺せば借物で、何の事はない人の褌《ふんどし》で角力《すもう》を取ると云うなァ是の事でげす。所が此の旅順も日《ひ》の下開山《したかいざん》横綱力士ともいうべき日本軍の為に打ち負けて終《しま》えば、もう此の浦塩《うらじお》の外に一艘の軍艦も寄せる事は出来ない、して見れば露西亜に取ッて、実に大切の所でございます。

「日の下開山」は武芸や相撲などで天下に並ぶ者がいないことで、特に相撲の横綱のことをいう表現だ。「実記」は「はなしことば」を基調としている。右の引用中には、江戸末期から明治にかけて、芸人や通人、職人の間で使われることが多かったと考えられている「でげす」が使われている。

講談師の桃川実が「講演」を行なっているということに現われているといってもよいが、「実記」といっても、「報道」ではないことは明らかである。「実記」には日本側を評価し、ロシア側を評価しない「評価的な言説」が溢れているように思われる。

「雑録」欄には「真砂座の旅順陥落」という題で「麗水生」（遅塚麗水）の文章が載せられている。その文章によれば、『戦争文学』の五月号に麗水が書いた「旅順の一夜」が載せられているが、それを「市井の人の歓心を収攬するに巧みなる中洲の真砂座」が「脚色して伊井《いい》容峯《ようほう》、藤澤浅次郎、福島清、井上政夫、藤井六輔等の新俳優に演ぜしめた」とある。雑誌に掲載された文学作品がすぐに演劇化されていることがわかる。このことについては、「雑録」内でもう一度採りあげられている。

図5―3

ここで採りあげている「七月之巻」の裏表紙には「旅順陥落二日後発行」を謳った戦争文学臨時発

刊『旅順陥落』の広告が大きく載せられている（図5—3）。左側には「大和田健／樹君作歌／上真行君／作曲」の「征露軍歌 旅順陥落」近刊ともある。

上真行《うえさねみち》（一八五一〜一九三七）は、宮内省式部職楽部楽長で、唱歌や軍歌の作曲も行なった。文部省唱歌「一月一日」は上真行が作曲している。

戦争和歌と戦争俳句

佐佐木信綱が選んだ「懸賞和歌」と内藤鳴雪が選んだ「懸賞俳句」とをあげてみよう。個人名は省いて地域名のみを示すことにする。全国から作品が応募されていることがわかる。濁点は補った。

1　東の平和を乱だす剣折れて神の御国に手をばあげえじ　伊勢

2　いざさらばシベリヤ行かむいざさらば朝日輝く御旗かざして　横浜

3　朝風に嘶く駒の勇ましく蹄も軽き西比利亜の原　伊勢

　　軍神広瀬中佐の英魂を弔う

4　艦の名の朝日と共にかがやきて世にうたわるる軍神かな　下野

　　広瀬中佐忠烈表彰

5　たとえ身は水漬屍となりぬとも其名は千代に栄え行くらん　武蔵

6　日の国は神の御国八百万陸まもる神海まもる神　尾張

　弔広瀬中佐

7　男の子なり男の子にふさう名をたてていくさの神と世にうたわるる

　鬼中佐

8　たたかいの神かとまであおがるるきみが功のたかくもあるかな　岩代

　桜の花を見て

9　御軍に徴されていにしますら夫に見せまほしきはさくらなりけり　岩代

10　み吉野の初瀬の花は散りぬれどなお敷島の八重桜あり　陸奥

11　初陣の君を送るに里小女緑したたる桜かざしぬ

12　利鎌もちて畔の草刈る里少女かちいくさ祈るうたうたいつる　信濃

　時局の春

13　鋤鍬は納屋に残りて徒らに主なき畑の春は荒れたり　越後

14　大君のみことかしこみ鍬すてて剣とりたちぬ賤の男われも　横浜

15　日の御旗なびく大和の春風に露散りはつる西伯利の原　横浜

1・6「神の御国」、2「朝日輝く御旗」、14「大君」、15「日の御旗」といった語、表現が多く使われていることが目を惹く。また戦死した広瀬武夫を採りあげた作品(4・5・7・8)が多いことも目を惹く。「軍神」「英魂」「忠烈」などの語が「広瀬中佐」に関して使われている。「広瀬中佐」という題名の文部省唱歌もある。

日本語ということでいえば、2「シベリヤ」・3「西比利亜」はともに地名「Siberia」を書いたものと思われるが、片仮名書き、漢字書き両用されていたことがわかる。15「西伯利」も「Siberia」を書いたものである可能性があるが、これは「シベリー」である可能性もある。11「里小女」・12「里少女」は「サトオトメ」「サトショウジョ」いずれの可能性もあると思われるが、『日本国語大辞典』はいずれも見出しとしていない。「初陣の君」すなわち戦地に赴く男に対して「里小女/里少女」という対概念が設定され、それをあらわす語がつくられたようにみえる。14のような作品が多いなかで、13は「畑の春は荒れたり」と述べ、他の作品とは異なる心情を表現している。こういう作品も少数ではあってもあったことがわかるし、それを選んでもいる。

「イメージ」ということでいえば、「朝日」「桜」が「通奏低音」のように現われていると思われる。「朝日」「桜」は本居宣長の「敷島の大和心を人問わば朝日に匂う山桜花」を想起させる。宣長のこの歌そのものを「紋切り型」と呼ぶことは適当ではないが、「紋切り型」に使われていく、とみることはできるだろう。
内藤鳴雪選「懸賞俳句」はどうか。

16　春風や塁上たかく日の御旗
17　武士も涙ありけり散る桜
18　夏川に馬を浴する兵士哉
19　捷報に集まる人の暑さ哉
20　蝙蝠やいくさに荒れし町の春
21　冬の月野営の外の鷓鴣の声
22　五月雨の大河を前に陣屋哉
23　明け易き夜を敵前の架橋哉

16「日の御旗」、17「散る桜」などは短歌と同じような「紋切り型」の表現といえよう。また22は与謝蕪村の「五月雨や大河を前に家二軒」を思わせる。「シャコ（鷓鴣）」は「キジ科の鳥のうち、尾が短い小形種の一部の総称」（『日本国語大辞典』）であるが、21や20は「紋切り型」を離れ、俳句作品として成り立っているといえよう。19「ショウホウ（捷報）」

は〈勝利の知らせ〉のこと。俳句は言語量が限られているために、かえって「紋切り型」に陥らないともいえよう。

ここまで戦争を語る日本語として、もっともフォーマルな詔勅から、漢文訓読体の新聞報道、「デゲス」も含む話体の「講演」、和歌・俳句とみてきた。これらの日本語は、現在と地続きだろうか、あるいは不連続面が強く感じられるだろうか。

3　児童向け雑誌と日露戦争

『児童教育日露戦報』を読む

図5―4は『児童教育日露戦報』第五期第一〇号（一九〇四年七月、児童新聞社）の表紙と裏表紙とである。目次をみると「児童教育第五期第十号目次」とあり、同じページに「社告　第四号から表紙の処に「日露戦報」の四字を加えましたが外には別にかわりはありません」と記されている。図でわかるように、表紙の「児童教育／日露戦報」の「児童教育」という文字の大きさは「日露戦報」のおよそ二分の一ほどの大きさであって、「外

には別にかわりはありません」といえるかどうかと思わざるを得ない。

一九〇四年の六月二十三日には、日本艦隊がロシア艦隊と旅順港外で交戦し、七月二十六日には日本第三軍が旅順攻撃を開始する。右の号では「第二軍の驍将」というタイトルのもと、口絵として「第四師団長陸軍中将／小川又次君」「第一師団長陸軍大将貞愛親王殿下」「第三師団長陸軍中将／大島義昌君」の写真などが掲げられている。

「諸君は最も仕合である」というタイトルの記事には、「処が、今度は世界の最大強国と

図5―4　表紙

誇っていたかの露国と戦争することになって、其結果は連戦連勝、日本の国威はいよいよ世界中にかがやいてきた。そして、日本が全勝となった時には、この後どんなに日本は進歩するであろうか。即ち諸君が大人になられる時分の我日本は、驚くばかり強い国となるであろう。この時に生れた諸君ほど仕合なものが、これまでの子供

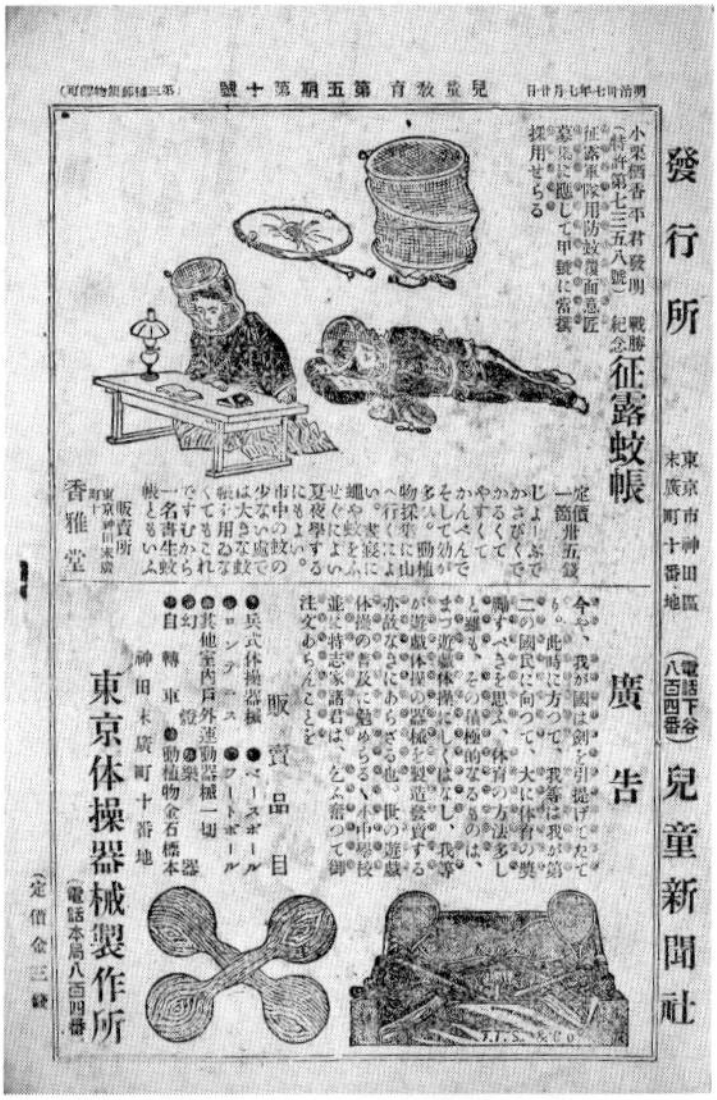

図5―4　裏表紙

にあったであろうか。イヤイヤ決してない、全く諸君ばかりである」とある。ここでは「強い国」という表現が使われている。

「愛らしい小学生と少尉の手紙」という副題が附された「ああこの手紙」という文章では、「岡山停車場へ近い野田町」で戦地へ赴く士官を見送った「岡山高等小学校高等科二年生の、柏野辰治君、清水国秀君、榎猛彦君、松岡詢君、大場修君の五人」のもとに飯野歩兵少尉から来た手紙を紹介するというかたちの文章が載せられている。「少尉の手紙」には次のようにある。

諸君は第二の軍人です　私共が粉骨砕身して敵を皆殺にし十年間の恨みをはらして、樺太から旅順は勿論遼東半島全部を吾国の領土となし、露国は再び東洋に手出しが出来ない様にいじめてやりますから、今度僕が戦死したら諸君は僕の讐討ちをして下さい。只今は諸君はまだ御小さいから先生の云われる事を聞いてしっかり勉強なさい、僕等は只　陛下の御命令次第、どしどし進軍して今迄のうらみをはらします。

「児童教育」を誌名としている雑誌に右のような文章が載せられていることには留意しておきたい。こうした雑誌にはよくあるが、巻末近くには投稿記事などが載せられている。「滋賀　森田〇太郎」（〇には実際には漢字一字が入っているが、今それを伏せた）とあるので、投稿記事であると思われるが、「戦争お笑い話」が載せられている。

たばこ一ぷく　九連城
のみたい酒も　金州城
敵の死がいが　大連湾
足がつかれて　ダルニー市
今日は天気で　フランテン

タバコを一服「くれんか＝くれないか」に「クレンジョー（九連城）」を、飲みたい酒を「キンシュ（禁酒）」しているに「キンシュージョー（金州城）」、「タイレン（大連）＝

つれが多いこと」に「タイレンワン（大連湾）」をかけ、日露戦争の戦地を答えとしている。この中では〈つれが多い・仲間大勢と連れ立つこと〉を語義とする「タイレン（大連）」は現在まったくといっていいほど使わない語であろう。また「ダルニー」は「ダイレン（大連）」の旧名で、「ダルイ」とかけていることはいうまでもない。今日は天気だから雨が降らない＝フランと、おそらく〈浮浪者〉という語義をもつ「フランテン」とをかけているのだろう。これも現在では簡単には笑えないものになっている。

裏表紙の「戦勝紀念 征露蚊帳」はちょっとおもしろい。発明者として名前があげられている小栗栖《おぐるす》香平《こうへい》（一八五八〜？）は明治三十五（一九〇二）年に児童新聞社を創立し、社長となっている。『挿図増訂独和字典大全』（一九〇五年、朝香屋）の編纂者でもある。「征露蚊帳」の下の「広告」には次のようにある。

> 今や、我が国は剣を引提げてたてり。此方に方って、我等は我が第二の国民に向って、大に体育の奨励すべきを思う、体育の方法多しと雖も、その積極的なるものは、まず遊戯体操にしくはなし、我等が遊戯体操の器械を製造発売する亦故なきにあらざる也。世の遊戯体操の普及に勉めらるる小中学校並に特志家諸君は、乞う奮って御注文あらんことを

そして「販売品目」として「兵式体操器械」「ベースボール」「ロンテニス」「フートボール」「其他室内戸外運動器械一切」「幻灯」「楽器」「自転車」「動植物金石標本」とある。「体育の方法多しと雖も、その積極的なるものは、まず遊戯体操にしくはなし」とあることからすれば、「体育」と「体操」とは語義が異なることがわかる。「タイイク（体育）」は〈からだを育てる〉ということで、「タイソウ（体操）」は〈健康の増進やからだを育てることを目的として幾つかの動きを組み合わせた運動〉であることが推測される。現在も「ラジオ体操」がある。

図5―5

『少年日露戦記』を読む

図5―5は『少年日露戦記』第三号（一九〇四年三月、郁文舎）の表紙である。「口絵」として、まず「帝国水雷駆逐艦漣一等水兵某

露艦長ヲ斬ル」と題された絵が掲げられている。「目次」には「日本水兵露国艦長を斬る（安田焦堂）」とある。それに続いて「海軍三宮殿下」と題されて「山階宮殿下」「東伏見宮殿下」「華頂宮殿下」三殿下の写真が掲げられている。さらに「バイガル湖氷上鉄道の沈没」「馬賊シベリヤ鉄道を破壊す」「砲車の柩」という口絵が続く。

先の『児童教育日露戦報』は『児童教育』に「日露戦争」を加えたという体であったのに対して、「日露戦記」の少年版という体にみえる。それは冒頭に「日露戦記」が置かれていることからもわかる。

二五ページには次のような歌が掲げられている。

旅順の戦争《いくさ》に負けたれば　残る軍艦引込んで
ぐうともすうとも音が無い　寒さに震えて居るだろう
露西亜は弱いな弱《よーわ》いな

陸戦始まる其時は　ちりぢりばらばら逃るだろ
逃げて行くのは可《よ》いけれど　大きな体が可笑《おか》しいな
露西亜は弱いな弱《よーわ》いな

坊やの手遊《おもちゃ》のサーベルで
坊やの手遊《おもちゃ》の鉄砲で
露西亜は弱いな弱《よーわ》いな

アレキシーフの首も取り
クロパトキンも一ト撃ちだ

「アレキシーフ」は一九〇三年八月十三日に、ロシア皇帝ニコライ二世によって、ロシア極東総督に任命された、エヴゲーニイ・イヴァノヴィッチ・アレキシーフのこと。ロシア極東総督は行政権、軍隊や太平洋艦隊の指揮権や極東における外交処理を行なう権利も有していた。図5—6は『日露交戦録』第五号（一九〇四年三月、春陽堂）の裏表紙であるが、「玉手匣」をあけて泣いているのがア

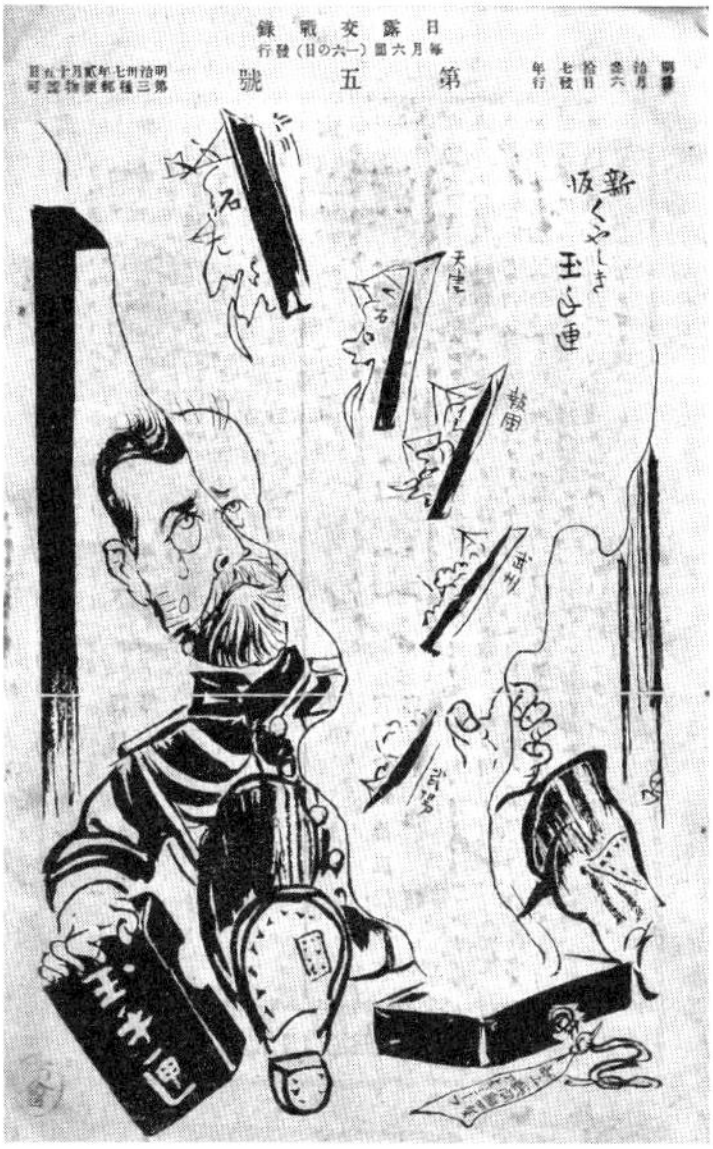

図5—6

レキシーフだ。
「クロパトキン」は帝政ロシアの軍人、アレクセイ・ニコラエヴィッチ・クロパトキン（一八四八〜一九二五）のことで、日露戦争時にはロシア満州軍総司令官をつとめた。

雑誌巻末の「社告」の欄には「戦争文芸を募る」という見出しの記事が掲げられている。「募る」の下には「！」が横に三つ並んでいる。そこには「本誌は戦争文芸欄を設け百花爛漫と咲き乱れた花園を見るよーに、楽しく美しい処とする為めに広く読者の作を募集します。治に居て乱を忘れずに乱に居て治を忘れぬは、蓋し大国民の大度量でありましょう。戦争中の今日歌に文に、大に国民の文芸的趣味を啓発するのも、亦本誌の大なる一つの役目であろうと信ずるのです」とある。

また「戦争ポンチ、戦争考物、戦争絵探し等、面白いものが考えついたら、端書で宜しいから、どうぞ投書して下さい」ともある。「ポンチ」は〈西洋風の風刺画・漫画のこと〉なので、戦争にかかわるそうしたものを「戦争ポンチ」と呼んでいたと思われる。『日本国語大辞典』は「せんそうぽんち」を見出しにしていない。

「面白いもの」を求める一方で、「戦争文芸懸賞募集」では「作文」の題は「旅順口」で「文体随意」、「和歌」の題は「決死隊」、「俳句」の題は「水雷艇」とされている。

「大に国民の文芸的趣味を啓発する」という目的はもちろんあると思われるが、その一方で、こうした「懸賞募集」が、一定の読者を獲得し、読者をまきこんでいくという「仕組み」であることはいうまでもない。そして、出版社側、メディア側から与えられる「題」に従って、作品をつくることによって、読者はしらずしらずのうちに、与えられた「題」を軸とした「言語空間」に入っていくことになる。「しらずしらずのうちに」は、「疑問をもつことなく」と言い換えてもよいだろう。自身をとりまく「言語空間」がどのようなものであるか、それを主体的にとらえ、判断することは大事だ。

従軍日誌を読む

実際に従軍した人が書き残した「従軍日誌」もある。『日露戦役従軍日誌』（二〇〇二年、梓書院）は、看護手として入隊し、日露戦争に従軍した大庭慶雄の日誌を、孫にあたる大庭聆が判読して出版したものである。明治三十七年二月二十日の条には次のように記されている。

午前六時三十分起床甲板上ニ登レバ船ハ大小数多ノ島間ヲ過ギル島ハ悉ク白雪皚々寒威連リニ加ワル正午十二時頃英国軍艦ノ仁川方向ヨリ来ルニ逢イ亦タ水雷駆逐艦「いかずち号」ノ後方ヨリ来リテ仁川方面ニ至ルヲ見ル

午後二時仁川港ニ投錨ス港内ニ入リテ最モ速カニ余等ノ眼底ニ暎ジ亦タ余等ノ脳裡ニ愉快ヲ叫バシメタルモノハ曩キニ吾ガ艦隊ノ為メニ自滅セシ露国軍艦「これーつ、わりやーく」二隻及ビ商船「すんがりー」号ノ沈没セル状況ナリキ上陸后聞ク処ニ依レバ初メ仝《〔同〕》港ニハ前記露艦居留民保護ノ為メニ碇泊シ吾ガ千代田艦又タ投錨セリ然ルニ日露ノ関係益々険悪ニ赴キ危機一髪ノ状ヲ呈スルヤ彼レハ吾ガ千代田ノ一隻ナルヲ見テ示威的ノ挙動ヲノミ行イシモ吾レハ常ニ礼譲ヲ重ンジ居リシモ万一不慮ノ起ラン事ヲ恐レ港外ニ退キシニ恰モ能シ吾ガ瓜生司令官ノ卒ユル数艦ノ来ルニ会シ千代田ヲシテ両国ノ関係到底戦争ノ避クベカラザルヲ報ジ露艦ヲ港外ニ呼ヒシニ彼レハ吾ガ劇甚ナル砲撃ニ会イ其ノ迚モ及バサルヲ知ルヤ一隻ハ殊勝ニモ港内ニ退キ自爆セシモ他ノ一隻ハ卑怯ニモ逃レント欲シテ浅瀬ニ乗リ上ゲ遂ニ沈没シタルモノナリト云ウ

港内ニハ英国軍艦一のーるうゑ軍艦一吾ガ御用船十四五隻碇泊シ居タリ

従軍日誌としての「具体性」はある。しかし、これも「日誌」の言説であり、いわば「落ち着いたかきことば」で記されているとみることもできる。どのような日本語によって「戦争」が語られているか、ということについては、多角的に観察する必要がある。ここではいくつかの「メディア」がどのように日露戦争を語っているかについて採りあげ、

その日本語について考えてみた。

先に、『日露交戦録』の裏表紙を示した。巻末に一ページだけある広告ページも、表面は奥田海軍少佐著『帝国国旗及軍艦旗』（実価三十銭／郵税四銭）の広告となっている。しかしその裏面には「新奇発明増酒資料《さけふやすもと》」や「肉体色白新剤」など、日常生活にかかわる商品の広告が載せられている。

「肉体色白新剤」の広告には、「本剤は近時仏国パリス貴紳淑女間に最新流行の発明剤にして如何程色黒き男女にても特別製二剤を用ゆれば忽ち肉体純白色に変化し艶美の容貌となるを確証す世上種々雑多の色白剤を用いて奏功なき人は速に本剤を試み見よ眼前に峻烈なる特効を覚ゆ真に奇効顕著の確証新剤値は並製金壱円特製分壱円五拾銭／専売元東京市神田五軒町拾九番地日新館薬房」とある。

「如何程色黒き男女」であってもこの薬剤を使えばたちまち「肉体純白色に変化」するとなるとかえってこわいくらいであるが、男女ともにそういうことを気にしていたのであろうか。『日露交戦録』は春陽堂書店から出版されている。春陽堂書店は例えば、井上勤訳『禽獣世界　狐の裁判』（一八八六年）、牛山鶴堂訳『政治小説　梅蕾余薫』（一八八六〜一八八七年）などの文学書を刊行し、大正期にかけては夏目漱石や芥川竜之介の作品も出版している、いわば大手出版社であった。当然、読者層はひろいはずで、美白剤の広告はそうしたことによるものといえよう。

広告は、当該時期にどのようなものが求められていたかを端的に示しているといってよい。また広告をみることによって、当該出版物がどのような読者層を想定しているかをうかがうことができる。

終章　再び一九二〇年の日本語

一九二〇年は大正九年にあたる。そして今からちょうど百年前でもある。ここまでみてきたように、現在からみると一九二〇年は「遠くて近い」と感じる時と「近くて遠い」と感じる時とがありそうだ。前者は「案外と似ている」ということで、後者は「似ててもよさそうなのに似ていない」ということで、前者が「連続」、後者が「不連続」ということだ。

これまでにも述べたが、言語のありかたは社会のありかたと深くかかわる。言語のありかたが似ているということは社会のありかたが似ているということでもある。社会のありかたは、具体的に観察することは比較的しやすいが、「深層構造」をとらえることは案外と難しい。そんな時に、観察しやすい「言語のありかた」を観察してみるという「方法」

はありそうだ。いろいろな資料を読み、観察し、一九二〇年頃と現在とは「案外と似ている」と感じることが少なくなかった。本書が観察対象とした明治末期から大正時代、昭和初期を冷静に、丁寧に「よみとく」ことは現在がどうであるかを考えるためのきっかけになると考える。「冷静に、丁寧に「よみとく」」ということは「対話する」ということでもある。まずは「似ているな」とか「違うな」と感じることは大事であるが、それを超えて「過去と対話」してみることをおすすめしたい。「対話」することによって、自身がどうであるかに気づくことは少なくない。「現在」を知るために、「過去と対話」する。迂遠なようでもあるが、そういうことも大事だ。

図Z—1は『女学世界』第一三巻第一号（大正二：一九一三年、博文館）の附録「婦人身の上双六」の一コマである。コマは「希望」「婚姻」「健康」「恋愛」「運勢」「住宅」「吉凶」「子宝」「夫婦仲」「学業」「苦楽」「交友」に分かれていて、それぞれのコマが一から六まで分けられ、そこに図のようにことばが記されている。しかし、どこのコマに進むかという指示はないので、実際に双六として使うことはできないはずで、双六の体裁を採った「人生訓」のようなものとみるべきなのだろう。双六の下部には「此中には「夫婦仲」とか「住宅」とか「子宝」とかいろいろ区分けをしてありますから何れなりと自分の思うところへ賽を振って出た目の数の下に書いてある文句を読めばよいのです」とある。「今

図 Z—1

日の運勢占い」のように使うこともできそうだ。

縦が五十五センチメートル、横が八十センチメートルほどの大きさがあり、筆者が入手したものは額に入っていたので、壁に貼ったり、額に入れて飾っておくというようなこともあったのだろう。絵は歌人でもあった日本画家、平福百穂《ひらふくひゃくすい》（一八七七〜一九三三）が描いている。

「恋愛」のコマには次のようにある。

一　あの人の夢に見るのは外の人です

二　噂さをすれば影とやら
三　先きは格別急いで居りません
四　どうせ鮑の片思いです
五　先きが熱心だと思うといやきがさすものです
六　あの人は気が多うございます

「鮑の片思い」は〈一方からだけ恋い慕うこと〉であるが、絵に対応するように、一から六の「文句」は冷静、さらにいえばどちらかといえば悲観的なものに思われる。『女学世界』は「穏健な常識」を示しているという指摘もあり、このあたりが「穏健な常識」ということかもしれない。「住宅」のコマには次のようにある。

一　少し手狭くらいは辛抱なさい
二　よい家宅だこと是非お求めなさい
三　新築は結構です　東をあけて南面になさい
四　転宅はお止なさい　何処へ行っても同じです
五　今が家作の普請どきです

六　日本館で平家が宜しいでしょう

『日本国語大辞典』は「日本館」を見出しにしていない。〈万国博覧会などで、日本が出品している建物・会場〉を「日本館」ということがあったことはわかっているが、例えば谷崎潤一郎「少年」（一九一一年六月『スバル』）には次のような行りがある。

有馬学校の前から真っ直ぐに中之橋を越え、浜町の岡田の塀へついて中洲に近い河岸通りへ出た所は、何となくさびれたような閑静な一廓をなして居る。今はなくなったが新大橋の袂から少し手前の右側に名代の団子屋と煎餅屋があって、其のすじ向うの角の、長い長い塀を繞らした厳めしい鉄格子の門が塙の家であった。前を通るとこんもりした邸内の植込みの青葉の隙から破風型の日本館の瓦が銀鼠色に輝き、其のうしろに西洋館の褪紅緋色の煉瓦がちらちら見えて、いかにも物持の住むらしい、奥床しい構えであった。

こんな生意気な口をきいて、信一は西洋館と日本館の間にある欅や榎の大木の蔭へ歩いて行った。其処は繁茂した老樹の枝がこんもりと日を遮って、じめじめした地面には青苔が一面に生え、暗い肌寒い気流が二人の襟元へしみ入るようであった。大方古井戸の跡でもあろう、沼とも池とも附かない濁った水溜りがあって、水草が緑青のように浮いて居る。

「いかにも物持の住むらしい」とあるので、右の「日本館」は「パビリオン」ではない。筆者の勤務先である清泉女子大学の「本館」と呼んでいる建物はジョサイア・コンドルが設計したものだ。二〇一九年十二月二十日には国の重要文化財に指定されている。そういうこともあって、桑名市に現存している、同じコンドルが設計した「六華苑」を見に行った。「六華苑」は二代目諸戸清六の邸宅として大正二（一九一三）年に完成している。四層の塔屋をもつ木造二階建ての洋館と和館から成り、回遊式の庭園が備わっており、現在では国の重要文化財に指定されている。和館は木造平屋造りで、洋館にさきだって、大正元年に上棟されている。洋館よりも和館が広く、洋館と和館とは直接つながっており、日常生活は和館でなされていたことが窺われる造りだった。

「六華苑」の説明には「洋館」「和館」という語が使われていることが多いので、右でも両語を使った。その「洋館」「和館」が谷崎潤一郎「少年」の「西洋館」「日本館」なのだろうか。「洋館」が併設されていることによって、「木造平屋造り」の建物が「和館」あるいは「日本館」と呼ばれるようになるのだろうか。対置させる概念あるいは語が、「変化」をもたらすということなのだろうか。実態としての建築物とその呼称、近い過去であるはずなのに、案外とわからないことがある。

そしてまた、右の話題があらわしているように、明治初期と比して、本書が採りあげた、明治末期から昭和初期という時期は、日本という「時空」と日本以外の「時空」とのいっそう複雑なかかわりかたをみせた時期でもあった。「複雑」は「多様性」と言い換えてもいいだろう。現在は「同じようにみえるけれども、少し違う」ということと向き合うことが必要な時代といってよい。しかしながら、それが必ずしもうまくできていないのが現在かもしれない。一九二〇年の日本語、その前後の時期の日本語を丁寧に観察することによって、現代の日本語や、言語生活を見直すきっかけが得られればという気持ちで本書を書き進めてきた。読んでくださった方の何らかの「きっかけ」になれば筆者としてこれほど嬉しいことはない。

【著者】
今野真二（こんの しんじ）
1958年、神奈川県生まれ。早稲田大学大学院博士課程後期退学。現在、清泉女子大学教授。専攻、日本語学。著書、『辞書をよむ』『リメイクの日本文学史』『漢字とカタカナとひらがな』（以上、平凡社新書）、『百年前の日本語』『日本語の考古学』『『広辞苑』をよむ』（以上、岩波新書）、『常用漢字の歴史』（中公新書）、『振仮名の歴史』『盗作の言語学』（以上、集英社新書）など多数。

平凡社新書935

日本語の連続／不連続
百年前の「かきことば」を読む

発行日――2020年2月14日　初版第1刷

著者――今野真二
発行者――下中美都
発行所――株式会社平凡社
東京都千代田区神田神保町3-29　〒101-0051
電話　東京（03）3230-6580［編集］
　　　東京（03）3230-6573［営業］
振替　00180-0-29639
印刷・製本―株式会社東京印書館
装幀――菊地信義

ISBN978-4-582-85935-5
NDC分類番号810　新書判（17.2cm）　総ページ256
平凡社ホームページ　https://www.heibonsha.co.jp/